번역과 문자: 먼 것의 거처

앙트완 베르만 지음
윤성우 · 이향 옮김

La traduction et la lettre ou l'auberge du lointain

by Antoine Berman

번역과 문자: 먼 것의 거처

앙트완 베르만 지음
윤성우 · 이향 옮김

철학과현실사

역자 일러두기

1. 이 책의 원제는 *La traduction et la lettre ou l'auberge du lointain*(Seuil, 1999)이다.

2. 원주와 역주를 구분하기 위해 역자가 추가한 설명에는 [역주]라고 표시하였다.

3. 중요한 개념어들은 원어를 병기하였으나 이미 알려진 개념어들의 경우는 원어를 병기하지 않았다. 저자명의 경우도 필요한 경우 원저자명을 병기하였으나, 잘 알려진 저자의 경우는 병기하지 않았다.

4. 원저자가 인용한 다른 저자들의 저서들 중 한국어로 번역 소개되었거나 해당 저자에 대해 참고할 만한 저서가 있는 경우, 역자의 판단에 따라 [역주]에서 해당 저서의 서지사항을 추가하였다.

5. 원저자가 다른 저자의 글에서 인용한 부분들 중 국내에 번역본이 나와 있는 경우는 가능하면 해당 번역문을 인용하고 출처를 밝혔다. 출처를 찾기 어려운 번역문은 역자가 직접 번역하였으나, 프랑스어의 구조나 묘미를 논하는 대목의 경우는 번역하지 않고 프랑스어 원문을 그대로 실었다.

6. 라틴어와 그리스어 원문의 경우, 라틴어 및 그리스어 전문가에게 도움을 받아 번역하였으며, 경우에 따라 기존 번역문을 인용하고 이를 밝혔다.

차 례

편집자의 일러두기

재판(再版)에 즈음하여

쇠이유(Seuil) 출판사의 『철학선집총서』에서는 역사상 처음으로 이미 출판된 적이 있는 텍스트를 다시 출판하게 되었다. 이 텍스트는 1984년에 프랑스 국제철학학교(Collège International de Philosophie)에서 열린 번역에 관한 세미나 원고로 이듬해인 1985년 트랜스 유럽 리프레스(Trans-Europ-Repress) 출판사에서 『바벨탑들: 번역에 관한 논고(*Les Tours de Babel. Essai sur la traduction*)』라는 제목으로 출판(이 기회를 빌려서 제라르 그라넬(Gérard Granel)에게 감사의 마음을 전한다)된 바 있으나 지금은 절판되었다.

일종의 작업 원고인 이 글에서 베르만은 성 히에로니무스에서부터 클로소프스키에 이르기까지 다수의 저자, 번역가, 독자, 이론가들을 토대로 하여 자신의 번역 체험을 세미나 참가자들과 함께 다듬어내고 있다. 재번역과 관련하여 "번역이 위치하는 두 개의 공간과 두 개의 시간, 즉 초역의 시간과 재번역의 시간을 구별

하는 것이 중요하다"고 했던 베르만의 성찰은 이 책의 재출판의 의미를 새겨보는 데에도 적용될 수 있을 것이다. 초판은 재판의 근거가 되지만, 재판은 또 다른 의미에서 충실하다. 특히 이 책의 재판은 부분적으로 저자에 의해 보완, 수정되었으며, 인용이나 참고문헌 등의 정확성을 높였고, 글이 전체적으로 다듬어지는 과정에서 '성숙'해졌다는 점에서 더욱 그렇다. 또한 이 세미나는 텍스트를 파고드는 대담함과 거리낌 없는 어조 측면에서 볼 때, 번역이라는 지극히 현대적이면서도 종종 담론의 홍수를 유발하는 문제들을 다룬 가장 성공적이면서도 자유로운 쾌거라고 할 수 있다.

베르만은 위의 『논고』에서 번역에 관한 슐라이어마허의 강연 원고 「번역의 다양한 방법에 관하여(Des différentes méthodes du traduire)」에 대한 최초의 프랑스어 번역본을 발표한 바 있는데, 이번에 이 책의 출판과 동시에 위의 텍스트를 『번역의 다양한 방법 및 기타 텍스트(*Des différentes méthodes du traduire et autre texte*)』라는 제목으로 펴내게 되었다(자료 및 용어 정리는 크리스티앙 베르네(Christian Berner)에 의해 이루어짐. Point-bilingue, 1999. 11). 슐라이어마허는 이 글에서 두 가지 번역 방식 사이의 대립관계를 다음과 같이 이론화한다. "번역가는 저자를 가능한 한 조용히 내버려두면서 독자로 하여금 그를 만나러 가게 하든지, 그렇지 않으면 독자를 가능한 한 조용히 내버려두면서 저자로 하여금 독자를 만나게 해야 한다." 베르만의 세미나 원고에서 제시된 개념틀로 설명해보자면, 두 번째 방식은 자민족중심적이고 하이퍼텍스트적이며 플라톤적인 번역 방식으로서, 의미를 문자로부터 유리시켜 포착하려 하는, 그리고 있는 그대로의 번역을 억압

하려는, 성 히에로니무스 식의 번역 방식이다. 반면, 첫 번째 방식은 독일 낭만주의가 강하게 주창하는 방식으로서 다른 언어와 다른 세계의 반향을 통해 모국어를 고양시키는 번역 방식이다(이미 푸코는 클로소프스키의 『아이네이스』 번역을 두고 "그가 택한 단어 대 단어 번역은 라틴어가 프랑스어 위로 수직으로 내리꽂히는 사건과도 같다"고 말한 바 있다). 이러한 번역 방식은 번역 스스로를 대자적으로 사유하게 함으로써 낯선 것으로부터 오는 시련을 겪게 할 뿐 아니라 더구나 "모국어의 언어 공간 안에 낯선 것을 낯선 것으로서 열어둔다."

번역가로서의 개인적 체험, 번역과 관련한 위대한 인물들에 대한 역사적 탐구, 글쓰기뿐 아니라 철학하기의 영역까지 넘나드는 이론화 작업이 결집되어 있는 베르만의 작업은 그 자체로 그의 성찰이 가진 당위성을 보여준다.

제목에 관하여

『번역과 문자: 먼 것의 거처』는 이 책을 잘 설명하는 제목이다. 이 책의 원제는 쉼표 없이 두 개의 제목으로 되어 있다. 이론가가 택할 만한 제목[번역과 문자]이나 음유시인이 택할 만한 제목[먼 것의 거처] 중 그 어느 것도 나머지 제목의 하위제목은 아니다. 이 책은 직역(traduction littérale),[1] 즉 "번역은 문자의 번역, 문자로

1) [역주] 이 책에 등장하는 'traduction littérale'을 한국어로 '직역'으로 번역하였으나 이것이 흔히 생각하는 '단어 대 단어' 번역으로 오해되어서는 안 될 것이다. 여기서 '직역'은 베르만이 주창하는 '문자번역'과 종종 동의어로 사용되기 때문이다. 그러나 베르만은 '직역'이라는 단어가 불

서의 텍스트의 번역이다"라는 공리에서 출발하고 있음에도 불구하고, 이 책의 제목에서는 번역과 문자를 구분한다. 여기서의 번역은 문자가 가진 '소멸할 수밖에 없는 육체'의 번역이며, 동시에 문자가 가진 단단함과 견고함과 반-원형성의 번역이다. 다시 말해 번역은 (분석을 통한 체험과는 별개로) 그 스스로 문자에 대한 고유하고도 특이한 체험을 하게 된다. 문자는 고집스럽게 남아, 번역가에게 영감을 불러일으킨다. 문자는 단어가 아니라 하나의 거주공간이며, 이 공간은 단어가 자신의 규정성을 잃는 공간이자 '언어들 사이의 존재(l'être-en-langues)'가 울려 퍼지는 공간이다.

여기서 중요한 것은 '언어들'이라는 복수이다. 복수로서의 언어가 드러내는 것은, 단일한 언어를 향하는 로고스적 동물로서의 아리스토텔레스적 인간이나 혹은 하이데거적 인간은 없으며, 오직 특이성들과 개별성들이 있다는 사실이다. 맞이함의 공간으로서의 모국어의 모성적 핵(核), 조이스의 말을 빌리자면, 방언적 다성어(多聲語)2)로서의 모국어가 있을 뿐이다.

알랭 바디유(Alain Badieu),
이사벨 베르만(Isabelle Berman),
바바라 카생(Barbara Cassin)

러일으키는 오해에 대해서도 여러 차례 설명하고 있기에, 문자적 번역이라는 생소한 번역 대신 우리에게 익숙한 '직역'으로 번역한다. 단, 베르만이 'traduction de la lettre'라고 쓴 경우는 '문자번역'으로 옮긴다.

2) [역주] 제임스 조이스가 언어적 순수주의라는 명분 하에 게일어의 부활을 고집하는 아일랜드 민족주의자들에 맞서 『피네간의 경야』에서 표준 영어도 표준 게일어도 아닌 혼종적 언어로서의 다양한 앵글로 아이리시 방언들을 사용한 것을 이르는 말이다.

번역은 문학작품처럼 스스로를 언어라는 거대한 숲 안에 침잠해 있는 것으로 여기지 않고, 그보다는 언어의 숲 바깥에서, 그 안으로 들어가지 않은 채, 원문을 고유한 장소로 불러내는데, 이곳에서는 매번 고유한 언어가 메아리를 통하여 낯선 언어로 쓰인 작품의 울림을 전달한다.

발터 벤야민

번역은 빛이 들어오도록 창문을 열어젖히는 것이며, 열매를 맛볼 수 있도록 껍질을 깨는 것이고, 가장 성스러운 곳에 시선을 둘 수 있도록 커튼을 젖히는 것이고, 야곱이 [외삼촌] 라반의 양떼들에게 물을 먹이기 위해 우물을 막고 있는 돌뚜껑을 들어 올린 것처럼, 물에 닿을 수 있도록 우물의 덮개를 들어 올리는 것이다.

흠정역 성경(King James Version) 번역가들

그러나 세상의 주인이신 아버지가
그 무엇보다도 사랑하시는 것이 있으니,
그것은 문자가 그 견실함 속에 정성스레 유지되는 것이다.

횔덜린

먼 것의 거처[1] — 서론

이 글은 프랑스 국제철학학교에서 1984년 초에 열렸던 세미나에서 소개된 내용을 보완한 것이다. 전반부에서는 의미를 윤색(미화)시켜 복원하는 것을 번역 행위로 상정하는 전통적 번역 이론들을 비판한다. 후반부에서는 번역이 의미의 시종(侍從)이라는 자신의 표준적 위상을 거부하는 순간 발견하게 되는, 번역 행위에 내재하는 문자적 작업을 좀 더 잘 규명해내기 위해, 소위 '문자대로' 번역한 것으로 평가받는 몇몇 위대한 번역의 사례를 분석한다.

이 세미나 내내 '직역(traduction littérale)'이라는 표현은 끝없

---

1) 이 표현은 음유시인 조프레 루델의 것이다.
[역주] 조프레 루델(Jaufré Rudel, 1113-1170). 프랑스 랑그도크 지방의 트루바두르이며 블레(Blaye) 지방의 영주로 제2차 십자군 원정에도 참여하였다(1147-1149). 전설에 따르면 트리폴리 공주의 이야기를 전해 듣고 사랑에 빠졌다가, 결국 트리폴리 공주의 품 안에서 죽음을 맞이하였다고 한다. 그는 다양한 사랑의 노래들을 지어 소위 '요원한 사랑', 즉 이룰 수 없는 불가능한 사랑(l'amour lointain)을 노래하였다고 한다.

는 오해의 대상이 되었으며, 특히 당시 청중들 중 '전문' 번역가들의 끈질긴 오해를 불러일으켰다. 이 오해는 끝내 불식되지 않았다. 전문 번역가들에게 있어서 문자대로 번역을 한다 함은 '단어 대 단어'로 번역하는 것을 의미했다. 그리고 이런 번역 방식이야말로 스페인 사람들이 노예적 번역(traducción servil)이라 부르는 것이었다. 한마디로 '단어'라는 말과 '문자'라는 말 사이에 모종의 혼동이 존재한다. 분명한 것은 클로소프스키가 번역한 『아이네이스』[2]에서 명백히 드러나는 바와 같이, 텍스트의 문자를 번역한다는 것은 어떤 경우에도 단어 대 단어 번역으로 귀결되지 않는다는 점이다.

그럼에도 불구하고 단어와 문자가 서로 뒤섞여 보이는 몇몇 사례를 들 수 있다. 이미 발레리 라르보(Valery Larbaud)와 앙리 메쇼닉(Henri Meschonnic)이 고찰한 바 있는 속담 번역의 경우가 그렇다. 속담들은 원칙적으로는 동일한 체험에 바탕을 두고 있으므로, 한 언어의 속담들은 또 다른 언어 안에 거의 늘 등가물을 가지고 있다. 예를 들어 "아침 시간은 입에 금(金)을 품는다"라는 독일어 속담에는 "세상은 일찍 일어나는 자의 것이다"라는 프랑스어 속담이 대응하는 것으로 보인다. 그래서 속담을 번역한다는 것은 그 속담의 등가물을 찾아내는 것(다시 말해 동일한 지혜를 다르게 표현한 것을 찾아내는 것)이라고 생각할 수 있다. 따라서 번역가는 낯선 이국의 속담을 마주하는 순간, 등가라고 상정되는 것을 찾을 것인가, 혹은 소위 '문자대로', 혹은 '단어 대 단어'로

2) [역주] 여기서는 베르길리우스의 『아이네이스』(천병희 옮김, 숲, 2007)를 참고한다.

번역할 것인가의 갈림길에 놓이게 된다. 그런데 하나의 속담을 문자대로 번역한다는 것은 단순히 '단어 대 단어'로 번역하는 것과는 다르다. 문자대로 번역할 때는 속담의 운율, 길이(또는 간결함), 경우에 따라서는 두운 등을 반드시 번역해야만 한다. 왜냐하면 속담은 형식(forme)이기 때문이다. 결국 번역 작업은 두 극단 사이에 놓이게 된다. 즉 해당 프랑스어 속담에는 등장하지 않는, 그러나 본래의 독일어 속담에는 등장하는 '금', '아침', '입'에 해당하는 프랑스어 단어들을 찾아서 독일어 속담을 '단어 대 단어'로 옮겨주는 번역이 한 극단을 차지하고, 또 다른 극단은 하나의 형식으로서의 속담을 번역하는 것으로, 이러한 목적을 달성하기 위해서 때로는 프랑스어를 압박하기도 하고 원문의 몇몇 요소를 변형시키게 되기도 한다. 로아 바스토스(Roas Bastos)는 자신의 소설 『나, 지존자(*Moi, Le Suprême*)』에서 다음과 같은 [스페인어] 속담을 인용한다.

> *A cada día le basta su pena, a cada año su daño*
> 각각 하루에 그 고통으로 족하고, 매해 그 피해로 족하다.

프랑스어에 위의 속담과 등가의 속담이 존재할 수도 있다. 하지만 나는 다음과 같이 문자적이면서도 동시에 자유로운 번역을 시도하기로 결정했다.

> *A chaque jour suffit sa peine, à chaque anneé sa déveine.*
> 그날의 고통으로 족하고, 그해의 액운으로 족하다.

스페인어 원문에 나오는 이중의 운율인 día(하루)/pena(고통), año(일년)/daño(피해)는 사라지고 대신 이는 프랑스어의 다른 운율인 peine(고통)/déveine(액운)로 대체되었다. 이렇게 옮기는 것은 '노예적인' 단어 대 단어 번역이 아니라, 오히려 원 속담의 운율적 구조를 새로운 형식으로 번역해 드러내는 것이다. 이것이 바로 모사도, (문제의 소지가 있는) 복제도 아닌, 시니피앙들 간의 유희에 주목하는, 문자적 작업이다.

내가 주관한 세미나에 참여했던 대부분의 번역가들은 이러한 [나의] '관점'을 거부했다. 그들에게 번역이란 무조건 등가어를 찾아내는 것이었다. 그들로 하여금 문자에 대한 작업, 문자에 대한 성찰을 거부하게 만드는 이런 완고한 신념의 토대가 무엇인지를 우리는 추후에 밝혀보려고 한다. 앞선 속담의 사례는 사소해 보일 수도 있으나 지극히 상징적이다. 이는 등가라는 문제틀 전체를 끌어들인다. 왜냐하면 등가어를 찾는 작업은 단지 불변의 의미를 상정하거나, 서로 다른 언어들 속에서 다양한 속담들로 표현되는 하나의 이념성(idéalité)을 상정하는 데에 그치는 것이 아니기 때문이다. 등가어를 찾는 것은 원문 속담에 담긴 낯섦(étrangeté), 즉 독일 속담에 등장하는 "아침 시간은 입에 금을 품는다"의 낯섦을 번역어 안으로 들여오기를 거부하는 것이며, 번역어가 '먼 것의 거처'가 되는 것을 거부하는 것이며, 결국 프랑스어 사용자 입장에서 보자면 [낯섦을] 프랑스어화하는 것이다. 이는 해묵은 전통이다. 이런 학풍에서 교육받은 번역가들의 입장에서 보면 번역이란 의미의 전달이며, 동시에 이 의미를 더 명확히 만드는 것이며, 낯선 언어의 낯섦에 내재된 불명료성을 의미로부터 털어내는 것이 아닐 수 없다. 거칠게 말하자면 이것이 바로 나이다(E. Nida)의 유명한 '역동적 등가'이다. 그리고 '역동적 등가'는 모든 번역가에게 복음으로 남아 있다. 반면 문자를 중심으로 한 모든 작업은 그것이 메쇼닉이건 클로소프스키건 혹은 프로이트 저작의 몇몇 프랑스어 번역 문제의 경우이건, 여전히 '실험적'인 것으로 간주된다. 성 히에로니무스에서부터 프레 뤼 드 레옹(Frai Luis de Léon)에 이르기까지, 횔덜린에서 샤토브리앙에 이르기까지, 이른바 '문자지향적' 번역은 서양 번역 역사에서 숨겨진 얼굴이자 **암흑의 대륙**을 형성하고 있다.[3] 그러나 문자중심의 번역에 실험적인 요소라고는 전혀 없다. 오히려 그 반대쪽의 이론들이야말로 늘 방법론지향적이라는 점에서 본질적으로 (엄밀과학적 의미에서) '실험적' 입장을 취하고 있다.

이제 내가 번역과 관련하여 개진하고자 하는 '담론'의 지평에 대해 몇 마디 설명하고자 하는데, 나의 담론은 전통적 번역 이론

---

3) 성 히에로니무스는 키케로의 직역주의 비판을 계승하고 있는 것이 사실이나 "말들의 질서가 하나의 신비인 성서의 경우는" 여기에 해당되지 않는다고 쓰고 있다(Valentín Carcía Yebra, *En torno a la tradución*, Gredos, Madrid, 1983, p.67).
프레 뤼 드 레옹의 다음과 같은 언급에 주목해보자: "옮기는 자는 충실하고 정확해야 하며 가능하면 가감 없이 동일한 품질과 조건을 지닌 또 다른 그만큼의 어휘와 또 그 고유의 의미와 겉모습을 제한하지 않으면서도 원문이 가지고 있는 의미의 다양성을 부여하기 위한 어휘들을 사용해야 한다(El que traslada ha de ser fiel y cabal y, si fuere posible, contar las palabras para dar otras tantas, y no màs ni menos, de la misma cualidad y condición y variedad de significaciones que las originales tienen, sin limitarlas a su propio sentido y parecer…)." *ibid.*, p.67.

들에 대한 비판의 형식을 띨 수도 있고, 혹은 몇몇 구체적 번역물에 대한 분석이 될 수도 있다. 내가 하려는 이야기는 어떤 측면에서든 이론으로 보기는 어렵다. 그보다는 오히려 하나의 성찰이라고 볼 수 있는데 여기서의 성찰이 무엇을 의미하는지는 곧 밝혀지게 될 것이다. 나는 이론/실무라는 개념쌍을 토대로 하는 개념적 틀을 완전히 벗어나, 이를 성찰과 체험이라는 개념쌍으로 대체하고자 한다. 체험이 성찰과 맺는 관계는 실무가 이론과 맺는 관계와는 다르다. 번역은 성찰 속에서 자신을 열고 (재)포착해나가는 하나의 체험이다. 좀 더 구체적으로 말하자면, 번역은 근원적으로 (하나의 체험으로서의) 성찰이다. 여기서 성찰이란 번역 행위의 주관적 과정들에 대한 인상주의적 기술도 아니며, 방법론도 아니다. 사실 번역에 할애된 방대하고도 반복적인 연구의 상당 부분이 이러한 기술이나 방법론의 범주에 해당되는 것들이다.

이 책에 소개되는 담론은 번역의 체험, 즉 체험으로서의 번역에 뿌리를 내리고 있다. 체험에 관하여 하이데거는 다음과 같이 말하고 있다.

> "어떤 것을 체험한다는 것은 … 그것이 우리에게 상처를 입히든, 우리에게 갑자기 들이닥치든, 우리를 전복시키든, 혹은 우리를 다른 존재로 만들어놓든, 그것이 우리에게 도래하도록 내버려두는 것을 의미한다. 체험'하다'에서 '하다'의 의미는 결코 우리 자신이 그 체험의 집행자라는 의미는 아니다. 여기서 '하다'는 '병을 치르다'라고 말하듯, 어떤 것을 관통해가면서, 그로 인하여 온전히 아파하고 견디어내고, 우리에게 다가온 것에 스스로를 내맡긴 채 기꺼이 맞아들이는 것이다."[4)]

번역이 바로 그러한 체험인 것이다. 즉 작품에 대한 체험이자 작품 존재(être-oeuvre)에 대한 체험이며, 언어의 체험이자 언어 존재(être-langue)[5]에 대한 체험이다. 또한 동시에 번역 자체에 대한 체험이며 그 본질에 대한 체험인 것이다. 다른 말로 하자면 번역 행위 속에는 어떤 앎, 즉 독특한 종류의 앎이 담겨 있다. 번역은 (16세기에 믿었듯이) 문학의 하위 장르도 아니며, (19세기에 믿었듯이) 비평의 하위 장르도 아니다. 더구나 번역은 (20세기 사람들이 믿고 있듯) 응용 언어학도 아니며 응용 시학도 아니다. 번역은 고유한 지식의 주제이자 대상이다. 그러나 (적어도 낭만주의 이래로) 문학이 온전하고 자율적인 수준으로 스스로를 격상시킨 반면, 번역은 자신의 체험을 온전하면서도 자율적인 발언의 수준에까지 고양시킨 적이 거의 없다.

언어학이나 비교문학, 시학 등에서처럼 번역을 대상화하고 번역 밖에서 번역을 바라보는 모든 지식과는 별개로, 번역 체험을 의식적으로 규명해보는 작업을 나는 번역학(Traductologie)이라고 부른다.

물론 비교적 신조어인 이 번역학이라는 학문은 여태껏 억울하게 푸대접받아 온 새로운 학문 영역인 양, 이미 방법론자들과 비교언어학자들[6]에 의해 점령되었다. 그러나 '그라마톨로지(gram-

---

4) *Acheminement vers la parole*, trad. F. Fédier, Gallimard, Paris. coll. "Tel", 1984, p.143.

5) [역주] 이는 '작품으로서의 존재', '언어로서의 존재'로 이해할 수 있다.

6) *Interpréter pour traduire*, D. Seleskovitch et M. Lederer, "Traductologie I" 총서, Didier Érudition, Paris, 1984.

matologie)'나 '고고학(archéologie)' 등의 말들이 기존의 굳어진 개념으로부터 전용되어 다른 의미를 띠게 된 것처럼 번역학이라는 말도 마찬가지다. 즉, 이런 분야들은 어떤 지식의 장(場)이라기보다는 성찰이 소용돌이치는 열린 공간이다. 이런 관점에서 볼 때, 번역학은 가장 최근에 탄생한 신생 학문, 즉 컴퓨터공학과 생산공학의 영향을 받아 '번역 과정들'을 컴퓨테이션 시스템에 편입시키려는 학문인 번역공학(traductique)이라 부르기 시작한 분야와 대립되는 것임에 틀림없다.

한마디로 번역학은 번역 체험이라는 본질을 토대로 이루어지는 번역의 번역 스스로에 대한 성찰이다.

우리가 선택한 개념쌍의 두 항목, 즉 체험과 성찰에 대해 좀 더 생각해보자. 체험과 성찰[7]이라는 두 개념은 명백히 근대적 사유의 핵심적 용어에 해당된다. 칸트에서부터 헤겔, 하이데거에 이르기까지 체험(경험)은 철학의 근본적인 개념이다. 성찰(반성) 역시 마찬가지다. 그런데 이런 두 개념이 형성되기 시작한 그 시기가 바로 독일 관념론의 시대로, A. W. 슐레겔, 티크, 횔덜린, 슐라이어마허, 괴테와 훔볼트로 대변되는, 서구 번역의 역사에서 가장 위대한 시기 중의 하나이다. 그리고 이 시기에 수행된 위대한 번역들은 번역 행위를 대상으로 한 전적으로 철학적인 사유와 떼어서 생각할 수 없다. 위대한 번역물치고 사유가 아닌 번역, 사유에 의해 지탱되지 않은 번역은 없었다. 번역은 이론 없이는 존재할 수 있으나, 사유 없이는 존재할 수 없다. 그리고 이 사유는 늘 철

---

7) [역주] 서양철학의 맥락에서는 우리가 '체험'으로 옮긴 expérience를 '경험'으로, '성찰'로 옮긴 réflexion을 '반성'으로 옮기기도 한다.

학적 지평 속에서 전개된다. 이것이 바로 20세기에 이르러 벤야민과 로젠츠바이크, 샤데발트 등의 체험이 의미하는 바이며, 이들을 통하여 번역은 성찰과 체험이라는 철학적 언어 안에서 사유되기 시작하였다.

이는 어떤 의미인가? 우선 번역학이 굳이 '번역철학'이 되지는 않더라도 반드시 철학적 사유 속에 뿌리내리고 있어야 한다는 의미이다. 번역학은 결코 번역 행위의 자기해명이나 그것에 대한 소박한 현상학이 아니다. 번역학은 아직 충분히 조명되지는 않았으나 벤야민과 하이데거에 의해 암시적으로나마 언급된 바 있는 하나의 사실, 즉 철학과 번역 사이에 본질적인 인접성이 존재한다는 사실을 토대로 한다.

현대의 사유가 번역의 문제, 더 정확히 말해 번역의 공간과 밀접한 관련을 지닌다는 점은 벤야민, 하이데거, 가다머, 그리고 데리다(물론 비트겐슈타인과 콰인 같은 분석철학자들은 말할 것도 없다)와 더불어 분명히 드러나고 있다. 하이데거에 이르러 철학이 주석과 번역이 되었다는 점에서 이것이 전적으로 현대적 양상이라고 볼 수 있으나, 이를 넘어서서 '철학하기'와 '번역하기' 사이에는 오랜 연결고리가 존재한다. 여기서 길게 논할 사항은 아니나 이 연결고리에 대하여 벤야민은 다음과 같이 증언하고 있다.

> "만약 모든 사유가 추구하는 궁극적 비밀을 아무런 긴장 없이 또 은밀하게 담고 있는 진리의 언어가 있다면, 이러한 언어야말로 진정한 언어인 것이다. 번역 속에는 바로 이러한 언어 — 철학자가 기대해 마지않는 유일한 완벽성이 있다면, 그것은 이러한 언어를 예

견하고 또 기술하는 데 있을 것이다 — 가 집약적으로 숨겨져 있다. … 이들 언어의 맹아를 내포하고 있는 번역은 시와 이론[*Lehre*]의 사이에 위치하고 있다고 할 수 있을 것이다."[8)]

한편 하이데거는 다음과 같이 말한다.

"모든 번역은 그 자체로 하나의 해석이다. 번역의 존재 안에는 번역의 기원에서 발견되었던 해석의 모든 근거들, 열림들, 층위들이 목소리를 내지 않은 채 담겨 있다. 결국 해석은 여전히 침묵하고 있는 번역을 완성한 것에 불과하다. 그 본질에 비추어보면 **해석과 번역은 하나이며 동일한 것에 다름 아니다**."[9)]

번역학은 성찰과 체험이어야 하기 때문에, 하나의 객관적인 '학문'이 아니라 번역에 대한 사유이다. 번역학은 데리다가 작업했던 방식처럼 철학을 출발점으로 하여 번역에 대하여 물음을 던지지는 않으나, 번역 행위에 내재하는 앎의 종류를 드러냄으로써 번역 행위가 '철학 행위'와 무엇을 '공통적으로' 가지는지를 조명하려 한다.

물론 오늘날 번역과 관련하여 언뜻 보기엔 철학과 직접적 관련

---

8) "La Tâche du traducteur", in *Mythe et Violence*, trad. Maurice de Gandillac, Denoël, coll. "Dossiers des Lettres Nouvelles", Paris, 1971, p.270.
[역주] 여기서는 해당 부분의 한국어 번역본을 인용하였다. 발터 벤야민, 반성완 편역, 『발터 벤야민의 문예이론』, 민음사, 1983, pp.327-328.

9) *Heraklit*, G. A., Band 55, pp.63-64; *Martin Heidegger*(Les Cahiers de l'Herne, Michel Harr, éd. l'Herne, Paris, 1984, p.456)에서 인용함. 강조는 필자.

이 없어 보이는 지극히 다양한 반성들이 이루어지고 있는데, 이는 적어도 두 개의 체험의 장(場)을 출발점으로 하고 있다. 첫 번째 장은 메쇼닉에게서 발견되는 것과 같은 성서 번역에 대한 지속적인 성찰의 장이다. 두 번째 장은 (프랑스 및 기타 지역에서) 정신분석의 주요 텍스트가 번역되는 과정에서 번역 및 번역의 운명과 관련하여 정신분석이 겪고 있는 갈수록 의미심장해지는 체험의 장이다. 두 가지 장에서 모두 (그리고 동일한 방향에서) 번역과 문자 간의 근본적인 관계가 매번 재확인된다.

한편 나는 소위 '문학 번역'이라는 적절치 못한 이름으로 불리고 있는 번역 체험을 출발점으로 하여 번역의 공간에 대해 여러 가지 물음을 제기해보고자 한다(문학 번역이라는 명칭보다는 장르 구분을 초월하는 개념인 **작품** 번역이라 칭하는 것이 적절할 것이며, 이는 벤야민이 종교경전에 대비시켜 사용한 **세속작품** 번역이라는 개념과도 일맥상통한다). 또한 번역의 공간에 대한 여러 물음들을 철학의 체험을 토대로 하여 제기하고자 하는데, 이는 나의 철학 체험이 이미 번역이라는 망(網) 안에 자리 잡은 사유에 대한 근대적 체험이기 때문이며, 또한 나중에 다시 설명하겠으나, 근대에 들어와서는 작품 자체가 스스로를 번역으로 인식하기 때문이다.

정신분석학에서 제기되는 번역에 대한 물음들은 어쩔 수 없이 정신분석 스스로의 번역 체험(하이데거 식으로 말하자면 정신분석이 번역과 함께 '감내'하는 것)에 밀착되어 있으며, 성서 번역을 출발점으로 한 번역의 물음들은 어찌 보면 결국 시 번역에 대한 성찰로만 귀결된다(이것이 많은 부분을 차지하는 것이 사실이긴 하다). 그러나 번역학에서는 그 일차적 토양에서 출발하여, 번역이라는 장 전체를 열어내고, 여기서 더 나아가 번역(traduction)이라는 용어에 담겨 있는 '초월적(transcendant)'인 것을 열어낸다.[10]

이는 다음의 사실을 의미한다. 번역학의 포부가 번역에 대한 일반 이론을 정립하는 데 있지 않다면(오히려 번역학은 그러한 이론이 존재 불가능함을 증명해내게 될 것이다. 왜냐하면 번역의 공간은 바벨적인 모습을 띠고 있으며 따라서 모든 총체화를 거부하기 때문이다), 번역학은 번역에 실재하는 다양한 '형식들' 전체를 성찰하는 것을 그 포부로 삼아야 한다는 것이다. 예를 들어 번역학은 (데리다의 지적에 따르면 매우 핵심적인 영역인) 법률 번역이라는 지극히 독창적인 번역 분야를 탐구할 수도 있다. 왜냐하면 법률 번역은 작품 번역에서와는 다른 의미에서 문자를 만나게 할 뿐만 아니라 여기서의 문자는 번역과 그 지위가 무엇인지를 규정하게 해주기 때문이다.

또한 번역학은 과학기술 번역에 대해 성찰해볼 수도 있으며, 과학기술 번역을 컴퓨터화하는 작업인 번역공학(traductique)에 대해 성찰해볼 수도 있을 것이다. 왜냐하면 여기에서 기술과 번역 행위 사이에 어떤 본질적인 연결고리가 형성되고 있기 때문이다. 번역학은 또 흔히 사람들이 '아동문학'이라 부르는 분야의 번역에 대해 반성할 수도 있고 당연히 그래야만 한다. 그 이유는 이런 부류의 문학이 문학의 '절반'을 차지하기 때문이고 또 바로 아

10) [역주] 동일한 접두어 tra를 가진 두 용어 traduction과 transcendant 사이의 문자적 조응을 유심히 살펴보아야 할 것이다.

동문학에서 소위 '모국의 언어'(언어의 모성적 요소)와의 극히 심오한 관계가 형성되기 때문이다. 번역학은 서구 이외 지역에서의 번역 전통(무슬림 세계, 중국, 일본)에 대해 물을 수도 있을 것이며 서양 번역의 역사에 대해서도 재론할 수 있을 것이다. 아주 개략적으로 언급된 이 모든 것은 번역학의 정당한 공간이다.

그러나 이것이 전부는 아니다. '번역'이라는 용어에는 **본래적 의미로부터 확장되려는 성향**이 내재하고 있다. 그래서 사람들은 종종 '협의의 번역'과 '광의의 번역'이라는 말을 사용한다. 메쇼닉은 스타이너와 세르[11]에서 발견되는 이러한 의미 확장을 격렬히 비판한 바 있다. 물론 엄밀한 의미에서 '번역'이 존재하는 공간인 협의의 번역, 즉 언어간 번역에 머물러야 하는 것이 사실이다. 그러나 그렇다고 해서 번역이라는 용어가 '은유적으로' 사용되는 방식, 그리고 하만(Hamann)에서 프루스트, 발레리, 로아 바스토스, 파스테르나크, 마리나 츠베타예바[12]에 이르는 작가들과 사상가들의 전 계보를 통해 드러나는 광의의 번역의 의미를 경청하지 말라는 법은 없다. 이들에게 있어서 번역은 한 텍스트를 다른 언어로 '건너가게 하기(passsage)'일 뿐 아니라 이런 일차적 '건너기'를 둘러싼 수많은 '건너기들', 즉 글쓰기, 더 은밀하게는 삶과 죽음의 행위와도 연결된다.

마리나 츠베타예바는 다음과 같이 쓰고 있다:

---

11) [역주] 미셸 세르(Michel Serres, 1930-). 프랑스의 철학자로 우리나라에서 『헤르메스』(이규현 옮김, 민음사, 2009)가 번역, 소개되어 있다.

12) [역주] 마리나 츠베타예바(Marina Tsvétaïeva, 1892-1941). 제정 러시아의 시인.

"오늘 나는 릴케가 나를 통해 말하기를 원한다. 흔히들 이를 번역하기라고 부른다. (독일어의 '모방하다(Nachdichten)'라는 말이 번역하기보다 얼마나 잘 들어맞는가! 어떤 시인의 자취를 따라가면서 그가 이미 터놓은 길을 다시 한 번 내는 것이다. 어떤 것을 쫓아서(따라서, nach) 가지만 늘 새로 '지어내는(dichten)' 부분이 있다. 'Nachdichten'이란 풀로 뒤덮여버린 [시인의] 자취 위에 길을 다시금 열어가는 것이다.) 그러나 번역은 또 다른 어떤 것을 의미하기도 한다. 단지 한 언어에서 다른 언어(예를 들어 러시아어)로 건너오게 할 뿐 아니라, 강을 건너기도 한다. 나는 릴케를 러시아로 건너오게 하며, 이는 릴케가 언젠가는 나를 다른 세계로 건너가게 하는 것과 마찬가지다."[13)]

로아 바스토스는 다음과 같이 쓰고 있다.

"책 한 권이 있을 뿐이다. 한 사람이 죽는 것은 하나의 장(章)이 그 큰 책의 페이지에서 찢겨 나가는 것을 의미하는 게 아니다. 오히려 그 장이 더 나은 언어로 번역되었음을 의미한다. 각각의 장은 그런 식으로 번역된다."[14)]

위의 두 인용문에서는 분명 '번역'이라는 개념의 의미가 확장되었으며, 이는 스타이너나 세르에게서 발견되는 것과 같은 개념적 방황이나 용어상의 혼란, 부당한 은유화의 탓으로만 돌릴 수

---

13) Rilke, Pasternak, Tsvétaïeva, *Correspondance à trois: été 1926*, trad. Lily Denis, Philippe Jaccottet, Ève Malleret, Gallimard, coll. "Du Monde entier", Paris, 1983, pp.15-16.

14) *Moi, le Suprême*, trad. Antoine Berman, Belfond, Paris, 1977, pp.421-422; Le Livre de Poche, 1985, p.571.

없는 것이다. 오히려 여기에는 또 하나의 번역이라 부를 만한 것, 말하자면 모든 번역 속에 은폐되어 있는 또 하나의 번역에 대한 체험이 예고되어 있다. 번역학이 사변적 성찰의 정점(頂點)에서 사유해야만 하는 것 역시 바로 이것이다.

만약 그렇게 하지 못한다면 번역학은 앞서 언급했던 의미에서의 진정한 번역학이 되지는 못할 것이다. 여기서 번역학은 문학의 근대적 공간과 연계되는데 이 공간 안에서 문학이 비평, 그리고 번역과 어떤 관계를 맺는가의 문제는 모두 글쓰기 행위에 본질적 영향을 미친다.[15)]

마지막으로 세미나의 본론으로 들어가기 전에 한 가지만 덧붙이고자 한다. 이상의 모든 지적들은 번역과 관련하여 이루어지는 담론들의 위상 문제와 관련되어 있다. 여기서 위상이라 함은 제도적 위상을 말하는 것으로 이러한 담론들이 우리 사회의 지식 전달의 일반 공간 속에서 스스로의 장소를 구축해나가는 방식을 의미한다. 번역학은 번역 분야가 고유한 교육의 대상이 된다고 원칙적으로 상정한다. 그런데 번역 분야는 그럴지 몰라도 번역 그 자체는 그렇지 않다.

사실 우리는 도처에서 번역 이론도 가르치고, (적어도 기술적 성격의 번역의 경우) 실무도 가르친다. 그러나 우리는 번역학이라는 것이 이론의 문제도 실무의 문제도 아님을 확인하였다. 이론

15) 낭만주의 이래로 거의 대부분의 위대한 서구 시인들이 번역가였다는 사실은 우연이 아니다. 또한 프루스트가 "작가의 의무와 과제란 번역가의 그것과 같다"(*Le Temps retrouvé*, Eugène Nicole 편집, Le Livre de Poche *classique*, 1993, p.293)라고 말한 것도 마찬가지다. 프루스트에게 글쓰기란 본질에 대한 기억으로 여겨지는 체험을 번역하는 것이다.

이나 실무도 그 나름의 교육 방식을 가지고 있으며 이것은 실증주의적 담론의 방식이다. 번역학은 이러한 방식에서 탈피하여 교육의 대상이 될 수 있는가? 나는 그럴 수 있다고 생각하며 번역학의 교육 가능성은 대략 철학이나 정신분석의 방식에 가깝다고 생각한다. 이러한 교육이 전제하는 것은 두 가지이다. 첫째로 번역의 공간은 하나의 고유한(sui generis) 공간이며, 이 공간은 그 독창성으로 인하여 틈새적 성격을 가지고 있다는 것이다. 번역이론에서 일반적으로 상정하는 것처럼 하나의 번역이 있는 것이 아니라 모든 유형화의 틀을 벗어나는 풍요롭고도 전복적인 여러 개의 번역들이 있으며, 이 여러 개의 번역들이 있는 공간은 번역되어야 할(à traduire) 것이 존재하는 모든 공간을 아우른다.

또한 번역학은 번역을 가르치지는 않지만 번역이라는 체험이 가지고 있는 다원적 본질을 전달 가능한 (개념화된) 방식으로 발전시킨다. 번역학과 정신분석, 연극, 혹은 철학 간의 공통점은 아무리 강조해도 지나치지 않을 것이다. 따라서 번역학은 단지 번역사들에게만 해당되는 것이 아니라 번역의 공간에 들어선 모든 이들을 대상으로 한다.

결국 번역학은 우리 모두를 대상으로 하는 것이니, 그 누구도 번역으로부터 자유로울 수 없다.

파리, 1985년 5월 15일

여정의 예고

번역이라는 것은 문자의 번역, 즉 문자로서의 텍스트의 번역이라는 명제가 우리의 출발점이다. 이것이 바로 번역의 궁극적이고 최종적인 본질이라는 점은 점차적으로 밝혀질 것이다. 알랭[1]이 쓴 텍스트 중 이를 암시하는 훌륭한 글이 있다.

"나는 우리가 운율이나 각운을 마침내 발견하게 된다면, 영국이나 라틴, 혹은 그리스의 시인을 단어 대 단어로, 어떤 것도 덧붙이지 않고, 순서까지 그대로 지키면서 번역해낼 수 있다는 생각을 가지고 있다. 내가 그러한 지점까지 시도를 밀고 나간 일은 드물다. 그러려면 시간이 필요하고, 수개월이 걸릴 수도 있으며 보기 드문 인내심이 필요하다. 우선은 조악한 모자이크를 만들게 된다. 각 조각들은 제대로 연결되어 있지 않다. 시멘트로 붙일 수는 있지만 어우러지게 하지는 못한다. 필요 이상의 힘과 광채, 폭력이 여전히 남아 있다. 영어보다 더 영어다우며, 그리스어보다 더 그리스어답고,

1) [역주] 알랭(Alain, 1868-1951). 프랑스의 철학자이자 평론가로서 『예술론집』, 『행복론』, 『종교론』 등의 저서가 있다.

라틴어보다 더 라틴어답다….”[2]

그러나 이러한 단언은 과거의 번역물, 그리고 오늘날의 번역물의 상당수가 이러한 문자와의 관계로부터 등을 돌리고 있다는 사실에 바로 충돌하게 된다. 실무적 차원에서 번역물의 다수가 그러한 관계로부터 등을 돌리고 있을 뿐 아니라, 이러한 실무를 토대로 하여 구축된, 실무를 지배하고 정당화하고 통제하는 번역 '이론들'의 상당수 역시 '단어 대 단어', 혹은 '직역주의'라는 이름으로 이들을 멸시하고 비판한다. 알랭의 섬세한 텍스트에서 번역하기를 어렵고도 흥미롭게 만드는 핵심으로 간주되는 어떤 것이, 이들에게는 전적으로 개탄스러운 것이 된다. 이 책에서는 이러한 이론들 자체를 다루지는 않을 것이다. 왜냐하면 이 이론들은 서구 번역이 가지고 있는 본질적이고 지배적인 상(像)에 수반되는 부대 현상에 지나지 않기 때문이며 어떤 번역가도, 어떤 '이론가'도 이러한 상(像)으로부터 자유롭지 못하기 때문이다. 우리가 문제 삼아야 하는 것은 이러한 상(像)이며, 번역 자체에 대한 체험을 통해서가 아니라 번역의 본질에 대한 더 본원적인 체험을 통하여 우리가 파괴해야 하는 것도 바로 이 상(像)이다.

위에서 언급한 상 속에서 번역은 다음의 세 가지 자질로 규정된다. 문화적 차원에서 볼 때 번역은 **자민족중심적**인 것이 된다. **문학적** 차원에서 볼 때 번역은 **하이퍼텍스트적**인 것이 된다. 철학적으로 볼 때 번역은 **플라톤주의적**인 것이 된다. 번역의 자민

2) Alain, *Propos de littérature*, Gonthier, coll. “Bibliothèque Médiations”, Paris, 1934, pp.56-57.

족중심적, 하이퍼텍스트적, 플라톤적 본질은 좀 더 심오한 번역의 본질인 **윤리적, 시(학)적, 사유적** 본질을 가리고 은폐한다. 번역 행위는 그 가장 심오한 영역에서 보자면 **윤리, 시, 사유**와 연결되어 있다. 그리고 이후 횔덜린이나 샤토브리앙을 통해 살펴보겠지만, ('종교'는 아닐지라도) '종교적인 것'과도 연결되어 있다. 그런데 윤리적인 것, 시적인 것, 사유적인 것, 종교적인 것들은 우리가 '문자'라고 부르는 것과의 관계 속에서 규정된다. **문자는 이들의 활동 공간**이다. 이는 횔덜린을 통하여 명백히 드러난다. 이러한 차원에 도달하기 위해서는 자민족중심적, 하이퍼텍스트적, 플라톤적 번역 전통의 **파괴**(이는 하이데거의 개념을 빌려온 것이다)를 수행해야 한다. 이러한 파괴의 작업은 대체로 하이데거의 '파괴'와 동일하며, 하이데거에게서의 파괴 역시 이 철학자의 노정에서 방대한 번역 작업을 동반한다.

그러나 이러한 파괴 작업이 단순한 이데올로기적, 이론적 작업이 되지 않기 위해서는 파괴할 대상에 대한 **분석**이 선행되어야 한다. 분석이면서 동시에 파괴(슐레겔적 의미에서의 비판)의 성격을 가지는 이러한 작업을 우리는 **번역의 분석론**이라 부르고자 한다.

번역의 분석론은 서구에서의 전통적 번역상에서 드러나는 자민족중심주의, 하이퍼텍스트성, 플라톤주의에 대한 비판이다. 번역의 분석론은 위의 세 가지 특질들이 가지고 있는 일반적 특징들을 고찰한 후, 실제 번역물 속에서 이들이 구체적으로 어떤 형태로 드러나는지를 고찰한다.

우리가 번역의 '플라톤주의'[3]라 부른 것에 대한 연구는 우리를 주제로부터 지나치게 멀어지게 할 우려가 있어서 앞으로 전개될 내용에서 제외하기로 한다.

한편 그 본질상 부정적인 것일 수밖에 없는 번역의 분석론은 번역하기의 윤리적, 시적, 사유적 차원에 대한 (긍정적) 성찰을 열어준다. 이러한 세 가지 차원이야말로 전통적 번역의 상(像)에서 드러나는 세 가지 차원과 정반대에 위치한 이면(裏面)이다.

윤리적 번역은 자민족중심적 번역에 반대된다.

시적 번역은 하이퍼텍스트적 번역에 반대된다.

'사유적' 번역은 플라톤적, 혹은 플라톤화시키는 번역에 반대된다.

그런데 번역 행위에 대한 전통적이고 지배적인 상에 맞서는 또 다른 번역상을 제시하려면 어디에서 출발해야 하는가? 추상적 원칙들이나 개념들에서 출발해서는 결코 안 되며 전통적 번역상으로 환원될 수 없는, 오랫동안 은폐되어 왔던 번역하기의 역사적 체험으로부터 출발해야 한다. 세기에 세기를 거듭하면서 비록 그 수는 적으나 우리가 방금 언급했던 윤리적, 시적, 사유적 본질을 표현해내는 번역들이 발견된다. (부분적으로) 성 히에로니무스에서 프레 뤼 드 레옹에 이르기까지, 횔덜린에서 샤토브리앙에 이르기까지, 그리고 클로소프스키에서 메쇼닉에 이르기까지가 그렇

3) 이후 있었던 "번역의 진리, 철학의 진리"라는 제목의 세미나에서 나는 '플라톤주의적 번역'을 분석한 바 있다. [Cf. "L'essence platonicienne de la traduction", *Revue d'esthétique*, "La traduction", nouvelle série, no. 12, Privat, Toulouse, 1986, pp.63-73.]

다. 이들의 번역은 '모델(modèles)'이 아니라 원천(sources)이다. 즉, 이들의 번역은 우리 사유의 원천이자 번역자로서의 우리의 개별적 작업의 원천인 것이다. 따라서 우리는 앞서 이러한 번역 전통에 문제 제기를 했던 몇몇 번역들을 중심으로 하여 기존의 번역 전통에 문제를 제기하고자 한다. 그것이 바로 우리의 지평이다. 그것이 바로 횔덜린과 슈테판 게오르게4)를 출발점으로 하여, 다시 말해 이 두 시인들이 수행한 번역들(핀다로스, 소포클레스, 보들레르 등)을 통하여 번역을 사유했던 발터 벤야민의 지평이기도 했다. 따라서 번역의 분석론과 윤리학의 공간을 간략하게 개괄한 후(일단 여기서는 번역하기의 시학과 '형이상학'은 논외로 한다), 우리는 이들의 번역물 중 횔덜린의 『안티고네』, 샤토브리앙의 『실낙원』, 클로소프스키의 『아이네이스』 등 세 개의 번역 작품을 살펴보고자 한다. 이 세 개의 번역은 우리로 하여금 '문자'번역의 진리에 다가서게 해줄 것이다.

4) [역주] 슈테판 게오르게(Stephan George, 1868-1933). 독일의 시인, 편집자. 현대 독일 시의 원천을 만든 서정시인으로서 상징주의의 영향을 많이 받았다고 한다. 파리에 머물 때 말라르메와 교류를 가졌다.

제 1 장
자민족중심적 번역과 하이퍼텍스트적 번역

나는 여기서 전통적으로 문학 번역의 두 가지 지배적 형태로 간주되는 자민족중심적 번역과 하이퍼텍스트적 번역에 관해 고찰해보고자 한다.

수세기 전부터 상당수의 번역들이 이 두 방식으로 이루어져왔다. 대다수의 번역가, 저자, 출판사, 비평가들이 이 두 방식의 번역을 정상적인 그리고 규범적인 형태의 번역으로 간주하고 있다. 또한 많은 사람들이 이러한 번역 방식을 넘어서는 것이 불가능하다고 여기고 있다.

번역에 관한 성찰을 이 두 가지 번역 형태로부터 시작하는 이유는 무엇인가? 그것은 이 두 가지 번역 형태야말로 가장 일반적인 형태이며, 전 시대에 걸쳐 번역에 대한 비난을 유발시킨 번역 형태이기 때문이다. "번역은 반역이다(Traduttore traditore)"라는 격언은 자민족중심적 번역과 하이퍼텍스트적 번역에만 해당되는 것이다.

'자민족중심적'인 것과 '하이퍼텍스트적'인 것

'자민족중심적'이란 모든 것을 자국의 문화, 규범, 가치로 환원시키고, 이러한 범주의 외부에 위치한 모든 것(낯선 것)을 부정적인 것으로 간주하거나, 혹은 병합하고 조정할 대상으로 여기면서 자국 문화의 풍요를 증대시키는 수단으로만 생각하는 것을 말한다.

'하이퍼텍스트적'이란 이미 존재하는 텍스트를 출발점으로 하여 이루어지는 모방, 패러디, 모작, 각색, 표절, 혹은 기타 모든 형식상의 변형들을 지칭한다. 『팔림세스트(*Palimpsestes*)』[1]에서 제라르 주네트(Gérard Genette)는 하이퍼텍스트성의 공간을 탐구하면서 번역에 관해 짤막한 장을 할애하기도 하였다.

자민족중심적 번역은 필연적으로 하이퍼텍스트적일 수밖에 없으며, 하이퍼텍스트적 번역은 필연적으로 자민족중심적일 수밖에 없다. 18세기 프랑스 시인 콜라르도[2]는 가장 거침없고 파격적인 방식으로 자민족중심적 번역을 정의한 바 있다.

> "번역하기에 가치가 있다면 그것은 원전의 완성도를 높이고, 가능하면 원전을 더 아름답게 만들고 자기화해서 자국적인 분위기를 풍기게 하여, 어떤 의미에서는 원전이라는 이국의 식물을 귀화시키는 것에 다름 아니다."[3]

---

1) Le Seuil, coll. "Poétique", Paris, 1982.

2) [역주] 콜라르도(Charles-Pierre Colardeau, 1732-1776). 프랑스의 시인.

3) Van Der Meerschen, "La traduction française, problèmes de fidélité et de qualité", in *Traduzione Tradizione*, Dedalo Libri, Milan, 1986, p.68.

17, 18세기 프랑스에서 '벨 엥피델(Les Belles Infidèles, 아름다우나 부정한 여인들)'[4]을 탄생시킨 이러한 번역 인식을 한물간 것으로 여길 수도 있다. 더 이상 이국의 원전에 마음대로 변형을 가하는 그런 시대에 살고 있지는 않다고 말할 수도 있다. 사실 철학자 로크의 『인간오성론』의 번역자인 코스트(Coste)는 원전의 단어들을 마음대로 다른 단어로 대체하기도 했다. 예를 들어 교황 '카이오(Caius)'를 황제 '티투스(Titus)'로, '호두'는 '살구'로 대체하였으며, '너무나도 명백히 우스꽝스러운'(발레리 라르보가 인용한 조셉 드 메스트르[5]) 대목들은 삭제하기도 하였다. 취향, 예의범절(bienséance), 그리고 일종의 행동 미학으로서의 도덕 등

---

4) [역주] '아름다우나 부정한 여인들(Les Belles Infidèles)'이라는 표현을 처음 사용한 사람은 17세기 프랑스의 메나지(Ménage)이다. 당시에는 모든 것을 '프랑스화'하는 번역, 즉 비록 원문에 충실하지 않더라도 이국의 작품들을 최대한 아름답고 자연스러운 프랑스어로 번역하는 것이 지배적인 대세였다. 당시 이런 유려하고 가독적인 번역으로 이름을 날리던 번역가가 바로 페로 다블랑쿠르(Perrot D'Ablancourt)라는 번역가이다. 하지만 메나지는 페로의 번역을 이렇게 비판했다. "그의 번역은 내가 투르에서 깊이 사랑한 여자를 연상시킨다. 아름답지만 부정한 여인이었다." 여기서 겉모습이 아름답다 함은 가독성이 뛰어나고 매끄러워서 번역한 티가 나지 않는 번역을 말하며, 부정하다 함은 원문에 대해 충실하지 못했음을 의미한다. 이후 번역학에서 '아름다우나 부정한 여인'이라는 표현은 가독적이고 매끄러우나 원문에 충실하지 못한 번역을 일컫는 말로 널리 사용되기 시작한다.

5) [역주] 조셉 드 메스트르(Joseph de Maistre, 1753-1821). 프랑스의 논객, 도덕주의자, 외교관. 프랑스 혁명으로 쫓겨난 후에 대표적인 보수 전통주의자가 되었다. 그리스도교의 절대 권위 및 군주와 교황 모두의 절대적 통치가 필요하다고 확신했고, 과학의 진보와 베이컨, 볼테르, 루소, 로크와 같은 철학자들의 자유주의적인 신념 및 경험주의적 방법에 반대했다.

이 당대의 번역을 지배하고 있었다. 물론 시대가 변하였다. 더욱이 도덕적 기준들도 사라져버렸다. 원문에 대한 갖가지 종류의 교정, 추가, 삭제의 양도 줄어든 것이 사실이다. 그렇다고 해서 이 모든 것이 사라졌다고 볼 수는 없다. 여기 곤혹스러우면서도 놀라운 예가 하나 있다. 발터 벤야민은 「번역가의 과제」에서 다음과 같이 쓰고 있다.

> "어떤 시(詩)도 독자들을, 그 어떤 그림도 관람자를, 또 어떤 심포니도 청중을 겨냥하고 있는 것은 아니다."[6)]

이 문장이 담고 있는 극단적 내용에 놀란 나머지, 이 글을 프랑스어로 번역한 번역가는 이 문장을 검열했거나 누락시켰다. 그것도 '문자'번역을 옹호하는 텍스트에서 말이다.[7)]

---

6) [역주] 이 대목의 번역은 역자마다 다르다. 반성완 편역의 『발터 벤야민의 문예이론』에 등장하는 「번역가의 과제」에서는 "어떤 예술작품이나 예술형식을 인식하는 데 있어 수용자를 고려하는 것은 결코 생산적이 되지 못한다"(민음사, 1983, p.319)로 옮긴다. 최선만 옮김의 『언어 일반과 인간 언어에 대하여, 번역가의 과제 외』에서는 "결코 어떤 예술작품이나 예술형식을 대할 때 수용자를 고려하는 것이 그것의 인식을 위해 생산적인 것으로 드러나는 법이 없다"(길, 2008, p.121)로 번역되어 있다. 『번역비평』에 실린 황현산 · 김영옥의 번역에서는 "어느 경우에도, 예술작품이나 예술형식에 관해서라면, 수용자에 대한 고려가 그 작품이나 형식을 이해하는 데에 생산적일 수는 없다"(고려대학교 출판부, 2007년 가을호(창간호), p.186)로 되어 있다.

7) Cf. J. R. Ladmiral, "Entre les lignes, entre les langues", in *Revue d'Esthétique*(nouvelle série), no. 1, Privat, Tououse, 1981, pp.67-77.

어쨌건, 고전주의 시대 특유의 과격한 변형의 양식들을 넘어, 더 미묘하고 은밀한 방식으로 수많은 변형들이 이루어지고 있으며, 콜라르도의 번역관이 그대로 계승되고 있다. 자민족중심적 번역이 모든 문화에 내재하고 있는 (낯선 것을 검열, 여과하여 자기 것으로 동화시키는) 환원주의적 경향의 구현이라는 사실과는 별개로, 자민족중심적 번역은 하나의 역사적 현실이다. 이것이 우리의 번역 의식에 결정적 역할을 하고 있기에 바로 이러한 관점에서 자민족중심적 번역에 접근하고자 한다. 우리의 번역 의식은 탈시간적으로 주어진 것이 아니라, '고고학적' 근거를 가지고 있는 것이다.

로마와 성 히에로니무스

자민족중심적 번역은 로마에서 탄생한다. 로마문화는 그 출발점에서부터 번역문화였다. 라틴 저자들이 그리스어로 저술하던 시대가 지나간 후, 그리스어로 쓰인 모든 문헌들이 번역되는 시기가 도래하였다. 그리고 이러한 대대적 번역 작업이야말로 라틴 문학의 진정한 토양을 제공한다. 그리스어 텍스트의 라틴어 번역은 그리스어의 텍스트와 형식, 그리스 용어에 대한 철저한 병합을 통하여 이루어졌으며, 이 과정에서 모든 것이 라틴화되었고 어떤 의미에서는 이러한 혼합으로 인하여 알아보기 힘든 상태로 변하였다. 이것이 바로 고대 후기의 혼합주의(syncrétisme)의 여러 형식들 중 하나로, 로베르(Robert) 프랑스어 사전에서는 '혼합주의'를 "일관성이 결여된 것들의 조합, 독트린과 시스템의 혼합"

으로 정의한다. 나중에 우리는 '혼합주의'가 자민족중심적이고 하이퍼텍스트적인 번역이 가지는 특징임을 확인하게 될 것이다.

간략하게 언급하고 넘어가자면, 이러한 혼합주의적 면모는 연극, 건축, 특히 조각술 등을 포함한 로마 예술에서도 발견되는데, 특히 로마의 조각술은 어떤 면에서 그리스 조각술의 '번역'이라고 할 수 있다. 따라서 로마다움(romanité)은, 니체가 훌륭하게 표현한 바와 같이, 정복주의적이고 거침없는 번역지상주의(traductionnisme)로 정의되곤 한다.[8)]

이러한 병합주의적 번역 작업은 키케로와 호라티우스라는 로마의 두 이론가들에 의해 뒷받침된다. 그러나 이들 이교도 이론가들이 설정한 원칙에 역사적 공명을 더해준 것은 성 히에로니무스, 즉 기독교적 로마다움 혹은 로마화된 기독교가 확립된 시기에 이르러서이며, 이는 성 히에로니무스가 성경의 번역본에 수많은 이론적, 기술적 성찰들을 추가하여 번역한 성경(불가타)[9)] 덕택이다.

성 히에로니무스는 번역의 본질을 "마치 포획된 의미들을 정복자의 권한으로 자신의 언어로 옮겨놓는 것과 같다(*Sed quasi captituos sensus in suam linguam uictoris jure transposuit*)"고 하면

---

8) *Le Gai Savoir*, Gallimard, Paris, 1967, p.99 sq.
[역주] 우리나라에는 『즐거운 지식』(권영숙 옮김, 청하출판사, 1998)으로 번역, 출판되어 있다.

9) [역주] 불가타(Vulgata) 또는 새 라틴어 성경은 5세기 초에 라틴어로 번역된 성경을 이른다. 382년, 교황 다마소 1세는 옛 라틴어 번역을 개선하고자 히에로니무스에게 성경을 번역할 것을 명령한다. 구약 부분은 히브리어 타나크에서 라틴어로 번역한 최초의 성경이며, 이전에는 70인역으로 번역되었다.

서, “낱말에서 낱말이 아니라 의미로부터 의미를 표현해야 한다(*non uerbum e uerbo, sed sensum exprimere de sensu*)”고 말한다.

이것이야말로 서구에서 정전(正殿)이 되어버린 번역관이다.[10)]위의 두 문장은 상보적이다. 번역이 ‘병합(竝合, annexion)’이라면, 그것은 ‘의미’의 병합일 수밖에 없다. ‘의미’의 포착이 번역이라면, 번역은 병합일 수밖에 없다.

그러나 성 히에로니무스의 이러한 원칙들은 키케로나 호라티우스를 넘어서서 사도 바울 및 그리스의 사유, 즉 플라톤에까지 거슬러 올라간다. 물론 플라톤이 (내가 아는 한) 번역에 관해서 말한 적이 없음은 분명하다. 그러나 플라톤이야말로 ‘감각적인 것’과 ‘가지(可知)적인 것’, ‘육체’와 ‘영혼’을 구분한 유명한 장본인이다. 이러한 구분은 사도 바울에 이르러 ‘생명을 주는’ 영(靈, esprit)과 ‘죽음을 주는’ 문자(lettre) 간의 대립으로 이어진다.[11)]

죽어 있는 문자는 번역에 필요 없는 것이 된다. 번역은 영의 핵심인 의미를 향해 가고, 그것을 포획한다. 유대의 전통이 번역을 경계하였다면, 기독교에서는 성령이 주는 생명의 입김이 모든 민족에 도달하도록 하기 위해 성서를 모든 언어로 번역하는 일이야말로 하나의 정언명령이었다(「사도행전」 2장 4절)[12)]

---

10) Cf. H. J. Störig, *Das Problem des Übersetzens*, Wissenschaftliche Buchgesellschaft, Darmstadt, 1963. 그럼에도 불구하고 성 히에로니무스는 성스러운 텍스트들에 대한 문자번역의 원칙을 옹호하고 있다.

11) 니체는 기독교야말로 “대중을 위한 플라토니즘”이라고 말한 바 있다.

12) [역주] 한국어 성경에는 다음과 같이 번역되어 있다. “그들이 다 성령의 충만함을 받고 성령이 말하게 하심을 따라 다른 언어들로 말하기를 시작

분명 여기에는 번역에의 충동이 존재한다. 약탈과 차용, 병합을 통하여 스스로의 문화를 구축하는 것을 염두에 두었던 과거 이교도적 로마다움이 가지고 있던 번역 충동에 기독교의 선교의 충동이 중첩되는 것이다. 모든 민족이 하느님의 말씀을 들을 수 있어야 하므로 번역이 필요하다는 것이다. 이제 '~에 의한' 번역이라기보다는 '~을 위한' 번역이 되며 이러한 시도는 그 이후로 멈춘 적이 없고 이것이 바로 미국의 나이다(Nida) 같은 저자의 작업이기도 한 것이다. 로마의 병합주의적 충동이 기독교 선교의 충동과 결합되었다면 오늘날 나이다의 번역복음주의는 북미 문화제국주의와 결합하게 된다.

그러나 철학적으로 말해서 이 모든 것들은 저 위대한 플라톤적 단절을 토대로 하고 있다.

보편적 번역 가능성이라는 희소식

작품에 적용될 경우 플라톤적 이분법은 '옮기기(translation)'의 특정한 방식을 확립하게 되는데 이는 즉자적 존재로 간주되는 '의미'의 옮기기이며 여기서 의미는 순수한 관념성(idéalité)[13]이면서 '불변적 요소'로 여겨지며, 번역은 한 언어가 가지고 있는 감각적 외피인 '몸'을 배제하고 한 언어에서 다른 언어로 의미를 옮기는

하니라."(『성경전서』, 개역개정판/신공동역, 대한성서공회, 2007, p.197)

13) [역주] 'idéalité'는 우리의 표상 활동 속에 있는 관념의 성질만을 가리키는 것이 아니라 플라톤의 이데아(eidos)가 가진 성격을 지칭하는 관념성으로 이해하면 된다.

일로 간주된다. 그래서 결국 여기서는 기표(signifiant)는 더 이상 기표적이지 않다(insignifiant). 이런 관점에서 보면 모든 언어는 **로고스**[14]의 지배를 받는다는 점에서 하나이며, 이러한 사실이야말로 언어들 간의 차이를 넘어 번역을 근거 짓는 것이다. 번역은 이데아의 관념성의 영역 내에 자리 잡아야 하며 모든 언어를 언어이게 만드는 구성물인 순수한 **로고스**가 실존한다는 증거를 제공해야 한다는 것이다.[15] 이러한 맥락에서 "다양한 언어들이 복수적으로 존재한다는 두려운 환영"[16]으로서의 바벨의 혼돈은 부정되며, 이러한 복수성에 모종의 의미가 있을 수도 있다는 사실도 부정된다. 말하자면 번역은 언어들의 단일성(unité)을 증명해주는 것으로 이해되는 것이다. 사도 바울이 "죽음이여, 도대체 너의 승리는 어디 있느냐"라고 물었던 것처럼 번역은 "바벨이여, 도대체 너의 승리는 어디 있느냐"라고 묻는다. 결국 번역은 모든 것이 보편적으로 번역 가능하다는 희소식인 것이다.[17]

---

14) [역주] 'logos'는 여러 의미를 가지고 있으나, 여기서는 시공간적 보편성을 띤 원리, 법칙, 속성 등을 일컫는다.

15) Cf. Hermann Broch, *Création littéraire et Connaissance*, Gallimard, coll. "Bibliothèque des idées", Paris, 1966, p.291.

16) Court de Gebelin, in M. de Certeau, D. Julia et J. Revel, *Une politique de la langue*, Gallimard, coll. "Bibliothèque des histoires", Paris, 1975, p.91.

17) Cf. Octavio Paz, *La Fleur saxifrage: langue et littérature,* trad. Jean-Claude Masson, Gallimard, coll. "Essais", Paris, 1984, p.206 sq.

의미의 포착과 자민족중심주의

그렇다면 의미를 플라톤적으로 포착한다는 것이 어떤 점에서 '자민족중심적'인가? 바벨에 대한 이러한 부정이 하나의 환원일 수밖에 없는 이유는 무엇인가? 번역의 목적이 의미의 포착이라고 상정하는 것은 의미를 그 문자로부터, 그 가사(可死)적 몸과 지상(地上)의 외피로부터 떼어내는 것이다. 이는 보편적인 것을 취하고 개별적인 것을 버리는 것이다. 사도 바울이나 플라톤에게서 보이는 의미에 대한 충실성은 문자에 대한 충실성과 대립된다. 그렇다. 의미에 대한 충실성은 어쩔 수 없이 문자에 대한 불충실성이 된다.

그런데 이국의 문자에 대한 불충실성은 필연적으로 자국의 문자에 대한 충실성을 의미한다. 의미는 번역하는 언어[도착 언어] 속에서 포착된다. 이를 위해서는 의미에 담겨 있는 것들 중 번역하는 언어 속으로 전달되지 않는 모든 것들을 제거시켜야 한다. 의미의 포착은 늘 어떤 한 언어의 우위를 확정한다. 병합이 이루어지려면 이국 작품에 담긴 의미는 소위 도착 언어에 복속되어야만 한다. 그러한 포착은 더 절대적이고 더 이상적이고 '합리적인' 언어 속으로 의미를 해방시킨다기보다는, 오히려 더 절대적이고 더 이상적이고 더 합리적인 것으로 상정되는 또 다른 언어 속에 의미를 감금하기 때문이다. 이것이 바로 자민족중심적 번역의 본질이다. 의미의 우위를 토대로 하는 이러한 자민족중심적 번역은, 암묵적이건 그렇지 않건 간에, 도착 언어를 번역 행위로 인해 요동치지 않는 어떤 불가침의 존재, 우월한 존재라고 여긴다. 따라서 이국의 의미를 들여오되, 도착 언어에 맞게 순화된 방식으로, 그래서 이국의 작품이 마치 도착 언어 내부에서 열린 '열매'인 것처럼 보이게 하는 것이다. 바로 여기서 번역에 대한 자민족중심적 해석에서 비롯되는 아래의 두 가지 전통적 '준칙'이 파생되며 이는 여전히 위력을 발휘하고 있다.

자민족중심적 번역의 두 가지 준칙

이 두 가지 준칙은 상호 연계되어 있다. 첫째는 이국의 작품을 번역하되, 번역이라는 것이 '느껴지지' 않는 방식으로 번역해야 한다는 준칙이고, 둘째는 마치 원저자가 도착 언어로 글을 썼다면 그렇게 썼을 법한 방식으로 번역해야 한다는 준칙이다.

여기서 번역은 스스로 잊혀지도록 만들어야 한다. 번역은 원문 텍스트의 글쓰기 맥락에 속하는 것으로 여겨지지 않는다. 따라서 원문 언어의 자취는 모두 사라지거나 치밀하게 제한되어야 하는 것으로 간주된다. 번역은 규범적 언어로 쓰여야 하며, 심지어는 도착 언어로 직접 쓰인 작품보다도 더 규범적으로 쓰여야 한다. 또한 번역문에 담겨 있는 어휘적, 통사적 '낯섦'으로 거슬려서는 안 된다.

두 번째 원칙은 첫 번째 원칙의 결과이거나 혹은 그 내용을 뒤집어 표현한 것뿐이다. 다시 말해 번역을 통해 제공되는 텍스트는 원저자가 이국 언어가 아닌 도착 언어로 글을 썼다면 그렇게 쓰지 않을 수 없었을 텍스트여야 하는 것이다. 원작품의 독자와 번역 작품의 독자는 동일한 '인상(impression)'을 가져야만 한다.

그래서 원작품의 저자가 단순한 어휘들을 사용하였다면 번역가 역시 일상적인 단어들을 사용하여 독자에게 동일한 '효과(effet)'를 일으켜야 하는 것이다. 예를 들어 프로이트가 독일어에서 일상적으로 쓰이는 말인 'Trieb(충동)'[18]이라는 말을 사용했을 경우, 프랑스어에서는 유사한 의미를 가지나 덜 일상적으로 사용되는 'pulsion' 대신, 다른 등가어를 찾아야 하는 것이다.

이 두 가지 준칙은 다음과 같은 중대한 결과를 초래한다. 즉, 번역은 문학, 심지어는 '문학화'나 '과잉문학(sur-littérature)'을 대거 유입시키는 작업이 되는 것이다. 왜 그런가? 번역이 번역으로 느껴지지 않으려면 다양한 문학적 절차들에 의존할 수밖에 없기 때문이다. 프랑스어로 번역되었을 때 번역된 느낌이 나지 않는 작품이란 '표준 프랑스어(bon français)', 즉 고전적 프랑스어로 쓰인 작품이다. 이것이 바로 자민족중심적 번역이 '하이퍼텍스트적' 번역으로 화하는 지점인 것이다.

하이퍼텍스트적 번역

하이퍼텍스트적 관계란 X 텍스트를 그 이전의 Y 텍스트에 연결하는 관계이다. 한 텍스트는 다른 텍스트를 모사하거나 모방하거나 패러디하거나 자유롭게 재창조하거나 다른 말로 바꿔 쓰거나 인용하거나 논평할 수 있으며, 이 모든 것의 혼합일 수도

18) [역주] 장 라플랑슈, 장 베르트랑 퐁탈리스가 지은 『정신분석사전』(임진수 옮김, 열린책들, 1995)에서는 'trieb'를 '욕동(pulsion)'(p.276)으로 옮기고 있으나, 국내의 많은 국내학자들은 '충동'을 선호한다.

있다. 바흐친이나 주네트 혹은 콩파뇽[19]을 통해서 볼 수 있는 바와 같이, 이는 '문학'의 본질적 차원 중 하나이다. 이 모든 하이퍼텍스트적 관계는 하나의 '원전'을 출발점으로 하여 이루어지는 자유롭고 가히 유희적인 파생관계를 특징으로 한다. 그런데 형식 구조의 관점에서 볼 때 이러한 관계는 번역과 지극히 유사하다.

모사작, 각색, 변형

모방 혹은 모방의 하위 형식으로서의 모사작(模寫作, pastiche)은 번역 행위에 가장 근접한 방식들이다. 이는 하나의 작품이 가지는 일정 수(數)의 문체적 특징들, 예를 들어 호메로스의 형용사들이나 플로베르의 반과거[20] 등을 포착하여 최종적으로 이 저자들이 쓴 것같이 보이는 텍스트를 생산해내는 것이다. 네르발이 괴테를 대상으로 했던 '모방', 혹은 프루스트의 '모사작'들이 바로 그러한 예이다. 번역가 역시 원작의 문체 시스템을 재생산하는 것을 목적으로 한다. 따라서 번역가도 모사 작가처럼 원작품의 문체 시스템을 간파해내야 하지만, 모사 작가가 '새로운' 텍스트를 생산해내는 반면, 번역가는 이미 존재하는 텍스트를 재생산해내는 선에서 그치게 된다. 그림으로 치자면 [원작을 베끼되 새

19) [역주] 앙트완 콩파뇽(Antoine Compagnon, 1950-). 프랑스 문학사 전문가이자 문학비평가.

20) 이와 관련하여 주네트가 모방과 관련하여 남긴 훌륭한 분석들을 참고할 수 있다. *Palimpsestes*, *op. cit.*

로운 그림을 그리는] 모사 작가와 [기존의 것을 재생산하는 것에 머무는] 위조 작가 간의 차이라고 할 수 있다. 원작과의 유사성을 함축적으로 표현해내는 모사 작가(프루스트는 플로베르의 문체를 모방하지만 플로베르가 남긴 만큼의 어마어마한 작품들을 생산하지는 않았다)는 실제로는 패러디에 가까운 텍스트들, 즉 호메로스적 형용사들이 다소 지나치게 담긴, 혹은 플로베르의 반과거가 다소 지나치게 담긴 작품들을 생산해내게 된다. 이러한 '부각(accentuation)'의 현상은 번역가에게서도 드러나는데, 예를 들어 어떤 요소가 손실되었을 때 번역가는 이를 보상하기 위하여 다른 요소들을 부각시키게 된다.[21] 문체론적 분석을 해보면 모방, 모사작, 번역은 형식상으로는 구분이 거의 불가능하며, 바로 이러한 이유로 보르헤스가 피에르 메나르(Pierre Menard)를 주인공 삼아 쓴 단편[22]은 수많은 비평가들에게 있어 번역 자체에 대한 비유로 읽힌다.

변형이나 각색은 하이퍼텍스트성의 또 다른 형태이다. 고대의 『페드르』와 라신의 『페드르』, 소포클레스의 『안티고네』와 아누이[23]의 『안티고네』 등이 여기에 해당된다. 여기에서도 원문의 몇

---

21) 뒤 벨레(Du Bellay)는 다음과 같이 말하였다. "번역가는 특정 대목에서 그 우아함을 살리지 못한 것을 다른 곳에서 보상하려고 애쓰게 된다." *Fernando Pessoa. Visages avec masques*, trad. A. Guibert, éd. Eibel, Lausanne, 1978, p.170.

22) [역주] 보르헤스의 「피에르 메나르, 돈키호테의 저자」를 암시하는 것이다. 이 단편은 세르반테스의 『돈키호테』를 20세기 초반 가공의 프랑스 상징주의 시인인 피에르 메나르가 쓴 것처럼 꾸민 후, 그 가상의 책을 논평하는 작품이다. 이 작품에서 보르헤스는 화자의 입을 빌려 메나르의 『돈키호테』가 세르반테스의 그것보다 더 창조적이고 뛰어나다고 평한다.

몇 특징들 앞에서 후퇴해가며 원문을 수정하는 소위 '의역'과 노골적인 변형 간의 경계선은 뚜렷하지 않다. 한나 아렌트는 『인간의 조건』[24]에서 그리스인들에게 사유가 언어에 비해 어떻게 부차적인지를 설명한 후 다음과 같이 덧붙인다.

> "『안티고네』의 마지막 행(1350-1354)을 문자 그대로 번역하면 다음과 같다. "But great words, counteracting(or paying back) the great blows of the overproud in old age."[25] 이 행의 내용은 우리가 이해하기에는 너무 곤혹스러운 것이어서 이 행의 순수한 의미를 그대로 읽어낼 수 있는 역자를 찾기란 매우 힘들다."[26]

마종(Mazon)이나 그로장(Grosjean)의 번역들을 참조해보면 위의 구절이 [도착 언어의 문화에 맞게] 조정(accomodation)되었음을 알 수 있다. 아렌트는 횔덜린이야말로 '감히' 소포클레스의 말을 문자 그대로 옮긴 드문 역자 중 하나라고 지적한다. 번역가가 '후퇴'하는 것은 매우 빈번한 일로, 이는 번역가가 원문의 검열,

---

23) [역주] 장 아누이(Jean Anouilh, 1910-1987). 프랑스 태생의 극작가로 1942년 『안티고네』의 번역을 출판하였다.

24) [역주] 우리나라에는 『인간의 조건』(이진우 · 태정호 옮김, 한길사, 1996)이라는 제목으로 번역, 출판되어 있다.

25) [역주] 해당 부분의 한국어 번역은 "오만한 자들의 큰소리는 그 벌로 / 큰 타격을 받게 되어 / 늘그막에 지혜가 무엇인지 알게 해준다네"로 되어 있다. 말과 사유 간의 대비관계가 한국어 번역에서는 드러나지 않는다(『소포클레스 비극전집』, 천병희 옮김, 도서출판 숲, 2008, p.149).

26) Calmann-Levy, Paris, 1983, pp.34-35, note 2.
[역주] 위 지문은 한국어 번역본의 해당 부분을 그대로 인용하였다(『인간의 조건』, 이진우 · 태정호 옮김, 한길사, p.77).

단절, 혹은 위장의 방식으로 스스로를 '번역해내는' 것이다. 이는 별도로 분석되어야 할 매우 심각한 왜곡의 운동이다.27)

그러나 거듭되는 순화를 거쳐가면서 소포클레스 텍스트의 최종 지위는 자유로운 각색에 가까운 것이 된다. 번역가로 하여금 하이퍼텍스트적 작업을 수행하게 만드는 것이 자민족중심적 번역의 요구사항이기도 하다.

이는 프랑스 고전주의에서의 '아름다우나 부정한 여인들(벨 엥피델, Les Belles Infidèles)'을 통해서도 가시화되지만, 오늘날에도 동일한 현상이 훨씬 더 은밀한 방식으로 일어나고 있다. 고전주의 시대의 프랑스는 자신의 언어를 소통과 재현(再現)과 문학적 창작에 있어서 모범적인 매개로 상정하였다. 프랑스어의 매개는 모든 개별 언어나 이국 언어들의 특성들을 배제함으로써 이루어졌다. 이런 상황에서 번역은 이국 텍스트들의 자유로운 전사(transposition)나 [낯선 것을] 걸러내는 순화 이상일 수가 없었다. 예를 들어 햄릿의 유명한 구절 "*to be or not to be, that is the question*"을 볼테르가 어떻게 '번역'했는지를 보자.

---

27) 토도로프(T. Todorov)는 이러한 검열로 인한 후퇴의 훌륭한 예를 제시하고 있다(in *La Conquête de l'Amérique*, Le Seuil, Paris, 1982). 콜럼버스는 1492년에 다음과 같이 쓰고 있다. "우리 폐하의 마음에 든다면 내가 여기서 출발할 때, 폐하에게 6명의 인디언들을 데려가서 그들로 하여금 말하는 법을 배우게 하겠다." 토도로프는 콜럼버스를 번역한 프랑스 번역가들의 눈에 이 대목이 너무 충격적으로 보였기 때문에 이들이 모두 "말하는 법을 배우게 하겠다"를 "우리말을 배우게 하겠다"로 고쳤다고 지적한다(p.36). 여기서 우리는 소포클레스의 경우든 콜럼버스의 경우든 번역 과정에서 아무것이나 검열되는 것이 아님을 확인할 수 있다.

"Demeure, il faut choisir, et passer à l'instant
De la vie à la mort et de l'être au néant."[28)]
살아남아 선택을 하여야 하느니, 당장 삶에서
죽음으로 가든지, 존재에서 무로 가든지…

우리가 보기에 이것은 번역이 아니다. 그러나 볼테르에게 번역은 이런 것이어야만 했다. 여기서 번역은 전적으로 하이퍼텍스트적인 것이 된 것이다. 이것은 앞서 분석한 격률들의 논리적 귀결이다. 앞서 언급한 것처럼 각색은 일반적으로 더 은밀한 형태를 띠게 되는데 번역가가 때로는 '직역으로' 때로는 '의역으로', 때로는 모사하는 방식으로 때로는 각색으로 번역함으로써 혼합주의적 형태를 띠게 된다.[29)] 이러한 혼합주의는 각색 번역에서 전형적으로 드러나며, 두 언어 간의 구조적 차이로 인하여 번역가는 어쩔 수 없이 이러한 일련의 재(再)표현 작업을 해야 한다고 주장하며 문학적(우아함 등)인, 혹은 전적으로 언어적인 당위성을 내세운다. 바로 이러한 당위성을 토대로 하여 은밀한 하이퍼텍스트성이 활개를 치게 된다. 이는 소설 번역에서 일상적인 것인데, 여기서 이러한 변형의 작업은 종종 겉으로 드러나지 않는다. 카프카 소설 번역에서 이를 간파해내는 데까지는 오랜 시간이 걸렸다. 카프카의 『심판』 초반부를 비아라트[30)]는 다음과 같이 프랑스

---

28) Y. Bonnefoy, "Idée de la traduction", Mercure de France, Paris, 1962. 자신의 『햄릿』 번역의 서문에서 인용.

29) 이로 인하여 번역된 텍스트는 고유의 '일관성'을 가지지 못하는 경우가 종종 발생한다. 진정한 텍스트가 아닌 것이다.

30) [역주] 알렉상드르 비아라트(Alexandre Vialatte, 1901-1971). 카프카의

어로 번역한다.

"… un homme assis près de la fenêtre ouverte et armé d'un livre dont il détacha son regard en voyant entrer Joseph K."
… 열린 창문 근처에 책을 들고 앉아 있는 한 남자에 머물렀던 그의 시선은 조세프 K가 들어오는 것을 본 순간 창가 남자로부터 떨어져 나왔다.31)

그런데 로톨라리(Lortholary)와 골드슈미트(Goldschmidt)는 이를 좀 더 직역하여 각각 다음과 같이 번역한다.

"… un homme assis près de la fenêtre ouverte, un livre à la main. Levant les yeux…"
열린 창가에 앉아 있는 남자, 손에는 책이 들려 있고, … 눈을 들어올리자…

"… un homme assis près de la fenêtre ouverte, un livre à la main et qui leva les yeux à cet instant…"32)
열린 창가에 앉아 있는 남자, 손에는 책이 들려 있고, 순간 그는

작품을 최초로 프랑스어로 번역한 작가이다.

31) [역주] 한국어 번역본에는 "남자는 열린 창문 옆에 앉아 책을 읽다가 얼굴을 들었다"로 옮겨져 있다(『심판』, 김현성 옮김, 문예출판사, 2007, p.9).

32) Trad. Vialatte in *Œuvres complètes I*, La Pléiade, 1976, p.260; trad. Lortholary, GF Flammarion, 1983, p.30; trad. Goldschmidt, Presses Pocket, 1983, p.32. 참고. Dossier Kafka, *Quinzaine Littéraire*, no. 402, octobre 1983, pp.15-18.

눈을 들어올려…

어쩌면 위 번역들 간의 차이는 미세한 것으로 여겨질 수도 있다. 그러나 'armé d'un livre(책을 들고 앉아)'와 'un livre à la main(손에는 책이)' 사이에, 그리고 'détacha son regard(시선이 떨어져 나왔다)'와 'leva les yeux(눈을 들어올렸다)' 사이에는 문학화(littérarisation)와 문자성 사이만큼의 거리가 있다. 이 작품의 문장 하나하나에 모두 적용되었던 비아라트의 '가벼운' 문학적 터치는 종국에는 '또 다른' 카프카를 생산해내고 말았으며 명백히 카프카의 언어를 제거해버렸다.

하이퍼텍스트적이고 자민족중심적인 번역에 대한 문제 제기

이러한 번역 실무 및 번역 이론에 대하여 문제 제기를 하는 것이 중요하다. 혹은 더 소박하게는, 19세기와 20세기에 걸쳐 이러한 번역 이론과 실무가 차지하고 있는 지배적 위치를 뒤흔드는 데까지 이르지는 못했으나 이에 대해 꾸준히 개진되어 온 물음을 다시 던져보는 것이 관건이다.

위의 두 가지 방식의 번역에 대해 문제를 제기한다고 해서 번역에는 어떤 자민족중심적, 혹은 하이퍼텍스트적 요소도 없어야 한다고 단언하는 것은 아니다.

우선 의미의 전달만을 요구하는 상당수의 글쓰기 영역이 분명히 존재한다. 모든 문화는 이국에서 이루어진 의미 생산물들을 전유할 줄 알아야 한다. 그러나 이는 '작품들(oeuvres)'에는 해당되지 않는다. 물론 '작품들'도 의미를 만들어내고 이를 전달하고자 한다. 심지어 작품들은 의미가 훌륭하게 농축된 것이기도 하다. 그러나 작품 안에서 의미는 너무도 무한한 방식으로 농축된 나머지, 그 의미 포착의 모든 가능성을 넘어선다.

더욱이 모든 번역은 하이퍼텍스트적인 변형을 일정 정도 포함하고 있으며, 이것이 없으면 스페인어로 노예적 번역(traducción servil)이라 칭하는 것이 되고 만다. 물론 여기서의 하이퍼텍스트적 변형이 일정한 문학적 지평을 토대로 하여 이루어진다는 전제 하에 그러하다. 문학적 지평은 특정한 역사적 시기에 처해 있는 자국 고유문화의 지평이다. 따라서 골드슈미트의 문학적 지평은 비아라트의 문학적 지평과는 다르다. 그렇다고 해서 번역이 전적으로 이러한 지평에 종속되어야 한다는 뜻은 아니며, 더구나 번역이 일상적으로 이루어지는 상호 텍스트적 관행과 혼동되어야 한다는 의미도 아니다. 번역이 문학이라는 공간에 속한다는 사실을 부인하자는 것이 아니라(메쇼닉은 한 편의 시를 번역한다는 것은 무엇보다도 한 편의 시를 쓰는 것과 같다고 말한 바 있다), 문학 공간에서 번역이 어떤 자리를 차지하는지를 규정하는 것이 중요하다. 이 점을 시 번역의 몇몇 사례들을 통하여 증명해보고자 한다.

보들레르, 말라르메, 게오르그, 발레리, 릴케, 파스테르나크, 주브,[33] 첼란, 쉬페르비엘, 로뱅, 파즈, 드기[34], 본느프와[35] 등 수많

---

33) [역주] 피에르 장 주브(Pierre Jean Jouve, 1887-1976). 프랑스의 시인이자 소설가. 셰익스피어의 『로미오와 줄리엣』이 그의 대표적 번역으로 꼽힌다.

은 근현대 시인들이 다른 시인들을 번역하였고, 번역 행위는 이들 모두의 시적 체험에 커다란 영향을 주었다. 모두가 그러했던 것은 아니나 이들 중 가장 정직한 일부를 제외한 상당수는 스스로에게 자유롭게 번역할 권리가 허락되었다고 믿었고, 시인들 간의 대화의 '룰'이라는 것이 있어서 번역가들에게 일반적으로 주어지는 의무로부터 면제된다고 스스로를 정당화시켰다. 그 결과 번역이라기보다는 자유로운 '재창조'에 가까운 번역들이 탄생하였다(예를 들어 루이즈 라베[36]를 완전히 변형시킨 릴케를 생각해 보라). 이는 시에서 볼 수 있는 하이퍼텍스트의 형식들로, 번역 일반과 절대로 혼동되어서는 안 되는 것들이다. 왜냐하면 이러한 형식들은 볼테르나 비아라트가 그랬던 것처럼 번역과 원전을 연결시켜주는 근본적 계약관계를 무시하고 있기 때문이다. 원전과 번역 간의 이 가혹한 계약에서는 원전의 짜임새(texture)를 넘어서는 어떤 것도 금한다. 이 계약관계에 따르면 번역 과정에서 요구되는 창의성은 원전을 다른 언어로 다시 쓰는 데에만 온전히 활용되어야 하며, 번역하는 자의 개인적 시학에 의거한 어떤 과

34) [역주] 미셸 드기(Michel Deguy, 1930-). 프랑스의 시인이자 수사학자이며, 파리8대학의 명예교수이다. 시 전문지 『포에지』의 편집주간과 『현대』 지의 편집위원을 지냈다.

35) [역주] 이브 본느프와(Yves Bonnefoy, 1923-). 프랑스의 시인, 수필가, 번역가. 셰익스피어와 예이츠의 여러 작품들을 번역하였다. 우리나라에는 『두브의 집과 길에 대하여(*Du mouvement et de l'immonilité de Douve*)』(이건수 옮김, 민음사, 2001)가 번역, 출판되어 있다.

36) [역주] 루이즈 라베(Louise Labbe, 1520?-1566). 프랑스의 여류 시인. 자유분방한 연애시를 쓴 것으로 알려져 있다. 릴케는 루이즈 라베의 소네트를 독일어로 옮겼다.

잉 번역도 생산해서는 안 된다. 이것이 바로 주브가 번역한 셰익스피어가 레리스[37]나 본느프와가 번역한 셰익스피어와 다른 점이다. 전자의 번역에서는 자신의 손이 닿는 모든 것을 병합시키는 한 시인의 변덕스러운 자의성을 만나게 된다. 후자의 경우 시적 지향은 번역의 윤리적 지향과 맞닿아 있다. 다시 말해 자기 자신의 시학을 의도적으로 희생시켜가면서 이국의 원전이 가지고 있는 순수한 낯섦을 번역어의 기슭으로 데려오려는 노력을 만나게 된다.

하이퍼텍스트적이고 자민족중심적인 번역에 대해 문제를 제기하는 것은 모든 번역에서 필연적으로 자민적중심적이고 하이퍼텍스트적일 수밖에 없는 부분이 어느 정도인지를 밝히는 것이다. 그리고 의미의 포착과 문학적 변형이 차지하는 비중이 어느 정도인지를 밝히는 것이다. 그리하여 이들의 비중이 부차적인 것임을, 번역하기의 본질은 다른 곳에 있음을, 번역을 시니피에의 전달이나 미학적 변주로 정의하는 것은 더 근원적인 어떤 것을 은폐시키는 것임을, 그 결과 번역은 고유의 공간이나 가치를 잃어버리게 됨을 드러내는 것이다.

불가능성과 반역으로서의 번역

왜냐하면 번역 행위를 의미의 포착으로 상정하는 순간, 번역

37) [역주] 피에르 레리스(Pierre Leyris, 1907-2001). 프랑스의 번역가로 1954-1961년 앙리 에반스와 함께 셰익스피어 전집의 번역 출판을 지휘하였다.

작업이 가진 자명하고도 정당한 사실, 즉 의미의 문자로의 집요한 밀착이 부정된다. 이는 번역가들과 저자들, 독자들이 늘 느껴왔던 것이다. 이 정복 지향적이고 의기양양한 작업, 언어들과 정신의 단일성이나 통일성에 대한 증명으로서의 번역 작업은 폭력과 결핍과 배신의 감정으로 얼룩져 있다. 스타이너는 번역 행위에 늘 수반되는 이러한 슬픔에 대해 일견 타당한 지적을 하고 있다. 분명 그렇다. 번역의 체험 속에는 **고통**이 존재한다. 이는 번역가의 고통만이 아니다. 번역되는 텍스트의 고통이기도 하다. 즉, 문자를 빼앗긴 의미의 고통인 것이다. 번역은 의미와 문자 사이의 내밀한 관계를 공격한다. 자크 데리다는 이를 다음과 같이 훌륭하게 지적하고 있다.

> "언어적 표현체(un corps verbal)는 다른 언어로 번역되거나 옮겨지지 못한다. 그것은 번역이 포기하고 넘어가는 바로 그것이다. 표현체를 포기하고 넘어가는 것이야말로 번역의 본질적 에너지이다."[38)]

그러나 부정된 것(여기서는 신체)은 끝내 보복을 하고 만다. 번역은 스스로 대가를 치르고서야 문자와 의미가 서로 분리 가능한 동시에 분리 불가능한 것임을 발견하게 된다. 문자와 의미가 분리 가능하다는 것이 철학적으로 혹은 신학적으로 타당하다는 것은 중요하지 않다. 왜냐하면 번역 속에서는 이러한 플라톤적 구

---

38) *L'Ecriture et la Différence*, Le Seuil, Paris, 1967, p.312.
[역주] 여기서는 해당 부분의 한국어 번역본을 인용하였다(『글쓰기와 차이』, 남수인 옮김, 동문선, 2001, pp.333-334).

분으로 환원 불가능한 뭔가가 있기 때문이다. 더욱이 번역이라는 것은 플라톤주의가 증명됨과 동시에 반박되는 장소 중 하나이기 때문이다. 그러나 이러한 반박을 통하여 플라톤주의가 흔들리기는커녕, 그 반박의 무게가 고스란히 번역에게로 전해진다. 만일 문자와 의미가 결속되어 있다면, 번역은 반역인 동시에 불가능한 것이 된다.

번역 불가능이라는 가치

역사적으로 보았을 때, 번역에 대한 '선결적(先決的) 이의 제기'[39]는 주로 시(詩)를 대상으로 한다. 단테에서 뒤 벨레와 몽테뉴, 볼테르와 디드로에서 릴케, 야콥슨이나 벤제[40]에 이르기까지 시라는 것은 "소리와 의미 사이에서 벌어진 긴 망설임"(발레리)일 뿐이므로 번역이 불가능하다고 주장하는 오랜 전통이 있다. 시가 '번역 불가능'하다는 것은 다음의 두 가지를 의미한다. 시는 소리와 의미 사이에서 무한한 관계를 만들어내기 때문에 번역될 수 없다는 것, 그리고 시의 번역 불가능성이야말로 시의 불가해

---

39) [역주] '선결적 이의 제기(objection préjudicielle)'란, 지금의 맥락에서는, 실제로 번역이 현실에서 이루어지고 행해지고 있음에도 불구하고, 그것을 먼저 '이론적' 차원에서 정당화해야만 그때부터 실제의 번역이 가능하다고 주장하는 문제 제기를 뜻한다. 예를 들어, 시의 번역은 비록 불완전하지만 늘 이루어져왔는데, 시의 고유함과 독특함을 주장하며 시의 번역 불가능성을 이론적으로 주장하면서 이 문제를 해결해야만 실제의 번역도 가능하다고 보는 입장을 가리킨다.

40) [역주] 막스 벤제(Max Bense, 1910-1990). 독일의 철학자이자 미학자.

성(intangibilité)[41]과 함께 시의 진리와 가치를 담보하고 있기에 시는 번역되어서는 안 된다는 것이 그것이다. 어떤 시가 번역 불가능하다고 말하는 것은 결국 그것이 '진정한' 시라고 말하는 것이다.

실제로 글쓰기의 모든 영역에서 번역 불가능성이라는 것을 하나의 가치로 여기려는 추세가 있다. 물론 우리는 번역 가능성이라는 가치 역시 고도의 합리성의 징표로서 찬양한다. 그러나 모든 글쓰기는 그 안에 번역 불가능한 부분을 일부 남겨두려는 경향이 있다. 시의 경우에는 이 부분의 비중이 상당히 높고, 기술적 혹은 법률적 텍스트에서는 그 비중이 상당히 낮으나, 없는 것은 아니다. [따라서] 번역 불가능성이라는 것은 텍스트의 자기긍정 방식들 중 하나이다. 이러한 추세 앞에서 소통을 강조하는 합리주의는 거의 무력하다. 여기서 번역하기는 텍스트의 본질적 가치를 멸시하는 수상쩍은 행위가 된다. 왜냐하면 문자와 의미를 분리 불가능한 방식으로 서로 결속시키려는 것이 텍스트라면, 번역은 비록 교류와 소통의 존재 자체를 위해 필요한 것일지언정, 반역(反逆)일 수밖에 없는 것이다. 그리스인들이나 중세인들 식으로 말하자면, 번역은 상행위나 돈거래와 마찬가지로 필요한 행위이면서도 어떤 경우든 야비하고 무가치한 활동일 뿐인 것이다. 번역을 통해 이루어지는 의미의 '거래'[42]는 수상하고 거짓되고

41) 시의 불가해성(intangibilité)이라는 도그마는 번역 불가능성의 도그마와 연결되어 있다.

42) 새뮤얼 다니엘은 이를 "intertraffique of the minde"라고 표현한다. G. Steiner, *After Babel*, Oxford University Press, 1976, p.248(*Après Babel*,

부자연스러운 작업이 된다. 이것이 바로 번역에 대해 서양사 전체를 걸쳐 전해져 내려온 다양한 은유들을 통해 드러나는 바이며, 번역이 단지 은유를 통해서만 '정의'될 수 있는 이유이다.

번역과 번역에 대한 은유

무냉(Mounin)이 『아름다우나 부정한 여인들(*Belles Infidèles*)』에서 지적한 바와 같이, 번역에 대한 개념적 정의는 희소하고 반복적인 데에 비해 번역에 대한 은유적 정의는 넘쳐난다. 그러나 이러한 은유적 정의들 역시 번역이라는 현상, 그리고 은유로서의 '전달(transfert)'이 번역으로서의 '전달'과 어떻게 연결되는지를 사전에 깊이 성찰한 결과물들은 아니다. 비교적 잘 알려진 몇 가지 은유들 중 부정성(négativité)[43]을 공통분모로 하고 있는 몇 가지를 소개하고자 한다.

세르반테스 :

> "한 언어에서 다른 언어로 번역하는 작업은 … 플랑드르 양탄자의 뒷면을 바라보는 것과 같다. 양탄자에 새겨진 문양들이 보이기는 하지만 실들로 채워져 있어 모양이 흐릿해져서 샹들리에가 없이는 볼 수가 없다."

---

trad. L. Lotringer, Albin Michel, 1978, p.120).

[역주] 새뮤얼 다니엘(Samuel Daniel, 1562-1619). 영국의 역사가이자 시인.

43) In Störig, *op. cit.*, pp.VII, VIII.

브왈로 :

"프랑스를 대표하는, 가장 기지가 넘치고 가장 필력이 좋은 프랑스 여성이었던 마드무아젤 드 라파예트는 멍청한 번역가를 여주인이 칭송의 말을 전하라고 보낸 하인에 비유하였다. 여주인이 정중하게 했던 말들을 하인은 불손한 말로 전달하여 망쳐버린다…."

몽테스키외 :

"여러분께 알려드릴 중대한 소식이 있습니다. 호라티우스를 방금 대중에게 공개하였습니다.

-- 뭐라구요! 기하학자가 말했다. 호라티우스가 공개된 것은 이미 2천 년 전인데요.

-- 제 얘길 알아듣지 못하시는군요. 다른 사람이 말했다. 제가 세상에 선보인 것은 이 고대 작가의 작품에 대한 번역본입니다.

-- 뭐라구요! 기하학자가 말했다. 선생, 당신은 생각을 안 하신지 20년이 되었단 말입니까? 다른 사람들을 대신해서 말하고 그들이 당신 대신 생각을 하게 된 건가요?

-- 기하학자 선생! 제가 훌륭한 저자들의 책을 읽는 작업을 더 친숙하게 만듦으로서 대중에게 큰 혜택을 베풀었다고 생각지 않으시나요?

-- 제 말은 절대로 그런 뜻이 아닙니다. 저는 다른 사람들이 그렇듯이, 당신이 [번역으로] 변모시키는 그 천재들을 존경합니다. 그러나 당신은 그들을 닮을 수 없을 것입니다. 왜냐하면 당신은 늘 번역을 하지만 아무도 당신을 번역해주지는 않을 것이기 때문입니다. 번역은 금화와 같은 값이 매겨진 구리 동전과도 같아서 때로는 대중들에게 더 큰 쓸모가 있을지도 모르지만 언제나 취약한 것이고

중량 미달의 화폐입니다. 이 위대한 망자(死者)들을 우리 시대에 다시 태어나게 하고 싶다고 하시는데 물론 당신이 그들에게 육체를 부여하는 것은 사실입니다. 그렇지만 그들에게 생명을 주는 것은 아닙니다. 이들을 소생시키려면 정신이 필요합니다. 간단한 셈만 해보아도 우리가 늘 깨달을 수 있는 것에 열중하는 대신, 그토록 많은 아름다운 진리들을 연구하는 데 당신이 매진해야 하지 않을까요?

이 작은 조언이 끝난 후 이들은 서로 헤어졌는데 — 내 생각에 — 서로 상대에 대해 불편한 심경을 가지고 헤어진 것 같다."

괴테 :

"번역가들은 마치 반라(半裸)의 젊은 미녀를 두고 사랑할 만하다고 호들갑떠는 중매쟁이와 같다. 이들은 원전에 대한 거부할 수 없는 호기심을 일깨운다."

마담 드 스탈 :

"특정한 악기를 위해 작곡된 음악은 다른 종류의 악기로는 성공적으로 연주될 수 없다."

앙드레 지드 :

"나는 그를[번역가를] 자신의 말(馬)에게 익숙지 않은 동작들을 시켜보려고 하는 곡마사(曲馬師)에 비유한다."

나보코프 :

"번역이 무엇이냐고요? 접시 위에 놓인
창백하고 찡그린 시인의 머리,
앵무새의 울음, 원숭이의 떠드는 소리,
죽은 자들에 대한 모독"44)

이상의 모든 은유들은 번역이 가지는 반(反)자연적 성격을 보여주고 있다. (스스로 위대한 번역가이기도 했던) 나보코프의 시에서는 헤로디아45)에 대한 암시뿐 아니라, 번역을 인간의 말을 흉내 내지만 아직 인간의 수준에 다다르지 못한 앵무새나 원숭이의 수다에 비유하고 최고의 신성모독이라고 비난하는 등 부정적 이미지가 켜켜이 쌓여 있다. 사실 번역에 대한 이러한 은유들을 묶어놓은 '선문집(選文集)'이 나올 만도 하다. 번역에 대한 전문

44) 내가 발견한 번역에 대한 유일한 긍정적 은유는 성경의 권위역본(흠정역)과 발터 벤야민에 등장하는 은유들이다. 벤야민은 번역가의 과제를 다루는 자신의 텍스트에서 메타포 작업과 사변적 작업을 긴밀하게 연결시킨다. 여기서 번역은 사유이며, 은유는 개념적 성찰에 연결된다. 한편 부정적 은유들은 은유가 사유를 대신하는 공간에 나타나며, 이는 번역을 사유하는 것에 대한 거부의 표시이다. 그리고 이러한 거부는 그 자체로 하나의 평가절하이다. 괴테가 번역에 대해 사유할 때 그는 일반적으로 은유를 동원하지 않는다.

45) [역주] 헤로디아는 세례자 요한의 처형에 결정적인 역할을 한 것으로 묘사되고 있다. 헤로데 안티파스가 세례자 요한의 처형을 주저하자 헤로디아는 딸로 하여금 헤로데 안티파스 앞에서 춤을 추게 하고, 이에 반한 안티파스는 무슨 소원이든지 들어준다고 맹세한다. 헤로디아의 딸은 어머니의 사주를 받아 요한의 목을 요구하고 결국 안티파스는 요한을 처형했다고 한다(「마태복음」 14장, 「마가복음」 6장).

적 논저들보다도 이 선문집을 통하여 우리는 번역 행위에 대해 훨씬 많은 것들을 배우게 될 것이다.

의미의 불충실한 전달로서의, 그리고 부차적 하이퍼텍스트로서의 번역

이러한 맥락에서 번역하기는 때로는 지나치게 자유롭게, 때로는 지나치게 종속적으로 의미를 전달하는 나쁜 행위, 혹은 부차적 하이퍼텍스트로 보인다.

의미를 전달하는 것이 나쁜 이유는 의미가 문자와 결속되어 있기 때문이며, 의미를 포착함으로써 혼탁화되고 변형된 메시지만이 제공되기 때문이다. 이것이 바로 세르반테스나 브왈로의 메타포가 담고 있는 의미이다. 번역에 요구되는 지향점의 차원에서 보자면, 이런 번역은 비난받게 된다. 의미가 홀로 이동할 수 있다는 단언과 그럴 수 없다는 단언이 서로 이질적인 영역들로부터 나와서 공존하고 있다. 하나는 신학적-사변적 차원으로부터, 다른 하나는 번역이 체험되는 경험적 이미지의 장으로부터 나온 것이다. 바로 이러한 이유로 인하여 서구의 독자에게 있어서 번역물의 읽기는 그 자체로서 충만한 체험이라기보다는 하나의 임시방편인 것이다.

번역물의 하이퍼텍스트성은 부차적인 것이다. 번역된 텍스트는 어떠한 경우에도 원전의 긍정성(positivité)을 가질 수 없다. 이를 다른 말로 하면 모든 (번역) 작품은 어느 정도까지는 하이퍼텍스트적이며 이러한 하이퍼텍스트성은 [원작자의 손이 아닌] '다른 손을 거친' 것이기에 조악하고 옹색한 모방이자 천박한 카피인 것이다. 번역하기는 창작하기가 아니며 이것이 바로 몽테스키외의 인용문에서 등장하는 기하학자의 악의적이면서도 재치 있는 말 속에 담겨 있는 뜻이다. 제임스 조이스의 『율리시즈』가 가진 진정한 하이퍼텍스트성이 영예로운 이유는 그 하이퍼텍스트성이 자유로운 것이기 때문인 반면, 번역의 하이퍼텍스트성은 노예적 하이퍼텍스트성이다. 그러나 역으로 번역이 '자유롭고자' 하면 즉각 '배신'이라는 낙인이 찍히게 된다.

이것이 바로 자민족중심적이고 하이퍼텍스트적인 번역 정의에서 귀결되는 결과이다. 그리고 이것이 번역 활동의 은폐되고 억압되고 굴욕적인 지위를 설명하는 것이다. 얼마나 많은 번역가들이 이러한 지위를 받아들이면서 독자들에게 그들의 시도가 가지는 불완전함과 스스로의 교만에 대하여 미리 양해를 구하고 있는가! 『카라마조프의 형제들』을 번역한 샤피로[46]는 "모든 번역 작업을 억누르는 원천적 천벌로부터 벗어나지 못했다"고 서슴없이 말한다.[47]

여기서 우리는 필요불가결하면서도 동시에 '오류투성이'인 것으로 받아들여지는 하나의 인간 활동과 대면하게 된다. 번역이 성(性)이나 돈과 연관되는 이유가 명백해진다.

천 년을 이어져온 이러한 심판 앞에서 '변명'을 할 일은 아니

---

46) [역주] 샤피로(Marc Chapiro). 스위스 출신의 번역가로 도스토예프스키의 작품을 러시아어에서 프랑스어로 번역, 소개하였다.

47) H. Meschonnic, *Pour la poétique II*, Gallimard, coll. "Le chemin", Paris, 1973, p.318에서 인용.

다. 다만 확언할 수 있는 것은 그런 판단이 번역의 진리, 즉 그 윤리적 및 역사적 진리를 건드리지는 못하고 있다는 것이다. 하지만 이런 진리로 접근하는 길이 일직선으로 나 있는 것은 아니다. 그동안의 지배적 이론들을 해체함과 동시에 모든 번역 작업에 영향을 끼치는 왜곡적인 경향들을 (데카르트적으로 그리고 동시에 프로이트적으로) 분석함으로써만이 우리는 번역 행위의 긍정적 공간으로, 한마디로 고유함의 공간으로 가는 길을 열어나갈 수 있게 된다.

제 2 장
번역 분석론과 왜곡 체계론

이 장에서는 모든 번역 작업에서 작동하면서 번역이 그 본질적 지향에 도달하는 것을 가로막는, 텍스트(문자)의 왜곡 체계를 간략하게 검토하고자 한다. 우리는 이러한 검토를 번역의 분석론이라 부르고자 한다.

이것이 분석론인 이유는 두 가지이다. 우선 이 왜곡 체계를 구성하는 각 부분들을 잘게 나누어 하나씩 분석하는 작업이므로 데카르트적 의미에서의 분석이다. 또한 이는 정신분석학적 의미에서의 분석이기도 한데, 이러한 왜곡 체계들이 대부분 무의식적으로 작동하고 있으며, 번역을 그 순수한 지향으로부터 이탈시키는 일련의 경향과 힘으로 드러나기 때문이다. 분석론은 이러한 힘들을 드러내 보이고 이들이 작동하는 지점을 보여주는 것을 목적으로 한다. 번역의 분석론은 일차적으로 자민족중심적이고 하이퍼텍스트적인 번역을 대상으로 삼는데, 이러한 번역에서는 문화적, 문학적 검열의 과정에서 왜곡을 일으키는 힘들 간의 놀이가 스스럼없이 발휘되기 때문이다. 그러나 사실 번역가라면 누구나 이러한 힘들의 놀이에 노출되어 있다. 더 나아가 이러한 힘들이야말로 번역가의 존재 일부를 구성하고 번역가가 가진 번역에 대한 욕망을 선험적으로 규정한다. 번역가가 이 힘들을 인식하는 순간 그로부터 해방될 수 있다고 믿는 것은 착각이다. 번역 행위의 '분석'을 통해서만이 이러한 힘들을 무력화시킬 수 있다.1)

번역가는 스스로를 (정신분석학적 의미에서의) '감시' 하에 놓음으로써만이, 오랜 전통의 내면화된 표현이자 모든 문화, 모든 '교양어'가 가지고 있는 자민족중심적 구조의 표현인 왜곡 체계로부터 부분적으로나마 탈피할 수 있다. '교양어(langues cultivées)'만이 번역을 하지만, 번역의 충격에 가장 크게 저항하는 언어 역시 교양어들이다. 가장 많이 검열하는 언어도 역시 교양어들이다. 언어에 초점을 맞춘 정신분석이 번역학에 얼마나 많은 기여를 할 수 있는지를 짐작할 수 있다. 그러나 번역에 대한 정신분석학적 접근은, 번역을 정신분석의 본질적 차원으로 직접 체험하는 분석자들(번역가들) 스스로 수행해야 하는 작업이다.2)

---

1) 이러한 무력화는 상대적일 수밖에 없다. 왜냐하면 프로이트가 플리스(Fliess)에게 보낸 편지에서 (신경증에 관하여 말하면서) '번역의 결함'이라 칭한 것 역시 번역하기를 구성하는 요소인 것으로 보이기 때문이다. 번역의 공간은 불가피하게 약점이 있는 공간이다. 번역의 결함은 번역에 내재되어 있다. 이 결함은 어디에서 기인하는가? 그 근간은 무엇인가? 이러한 질문들에 답하기 위해서는 아마도 번역하기의 주체인 '번역가'에 대한 분석론이 필요할 것이다.

2) 이와 관련하여 다음을 참조. "Psychanalyse et traduction", *Méta*, vol. 27, no. 1, mars 1982, Presses universitaires de Montréal; *L'Occulte, objet de la pensée freudienne* de J. M. Rey et W. Granoff, PUF, coll. "Bibilothèque de Psychanalyse", Paris, 1983; "La décision de traduire:

이 장에서 개략적으로 소개된 정신분석은 산문문학(소설, 수필, 기타 문학 등)의 영역에서 행사되는 왜곡의 힘들만을 대상으로 한다. 이는 내가 주로 산문문학을 번역했다는 주관적인 이유 때문이다. 좀 더 객관적인 이유를 들자면, 현재까지 이 분야의 번역이 소홀히 다루어져왔기 때문이다.

산문문학의 일차적 특징은 한 공동체의 다(多)언어적 공간 전체를 포착, 압축, 혼합한다는 데에 있다. 산문문학은 하나의 언어 안에 공존하는 여러 '언어들'을 전체적으로 동원하고 활성화시킨다. 이는 발자크, 프루스트, 조이스, 포크너, 로아 바스토스, 기마랑스 로자,[3] 가다[4] 등을 통해 확인된다. 형식의 관점에서 볼 때, 소설을 필두로 하는 산문이라는 언어적 우주는 하나의 작품 속에서 이루어지는 언어들 간의 거대한 혼합에 기인한 일정 정도의 비정형성(informité)을 특징으로 한다. 비정형성은 위대한 산문의 특징이다.

운문, 그리고 수사학적으로 '훌륭한 문체'를 기준으로 볼 때, 이러한 비정형성은 전통적으로 부정적인 것으로 정의된다. 랑송

---

l'exemple Freud", in *L'Écrit du Temps*, no. 7, éd. de Minuit, Paris, été 1984; "Traduction de Freud, transcription de Lacan", no. 13, juin 1984, in *Littoral*, éd. Érès, Toulouse. 번역에 대한 정신분석학적 텍스트들은 계속 증가하고 있으며 중요한 코퍼스를 구성하고 있다.

3) [역주] 기마랑스 로자(Guimarães Rosa, 1908-1967). 브라질 출신의 시인. 보고타, 파리 등지의 대사관에서 근무하면서 시인으로 데뷔하였다. 독특한 조어(造語)가 많고 난해한 문장으로 유명하다.

4) [역주] 카를로 에밀리오 가다(Carlo Emilio Gadda, 1893-1973). 이탈리아의 소설가. 새로운 소설 언어를 시도하여 이탈리아 문학에 큰 영향을 주었다.

(Lanson)은 몽테뉴에 대하여 다음과 같이 쓰고 있다.

> "이토록 생동감 넘치고 박학한 문체 속에서, 문장은 의도적으로 비조직적이다. 지나치게 길고, 지나치게 많은 삽입구와 괄호들로 가득 차 있어서, … 부족한 것은 운율감이 아니라 … 하나의 형태이다."[5)]

더 이상 잘 표현하기는 어렵다. 위대한 산문 작품들은 어느 정도 '못 쓴' 글, 글쓰기에 있어서 일정 정도 '통제의 부재'를 특징으로 한다. 『전쟁과 평화』의 프랑스어 번역자인 보리스 드 슐뢰저[6)]는 다음과 같이 지적한다.

> "『전쟁과 평화』는 솜씨가 형편없는 글이다. … 모든 것을 한꺼번에 말하고자 했던 톨스토이는 무겁고 복잡하고 통사적으로 부정확한 문장들에 이르게 된다. … 톨스토이가 다루고 있는 소재 자체가 가지고 있는 일종의 투박함이 어쩔 수 없이 글쓰기를 부분적으로 느슨하게 만든다."[7)]

이러한 통제의 부재는 산문의 저자가 자신의 작품 안에 응축시

---

5) *Histoire de la littérature française*, Librairie Hachette, Paris, 1964, p.322.

6) [역주] 보리스 드 슐뢰저(Boris de Schloezer, 1881-1969). 작가이자 음악 비평가, 번역가. 주로 체호프, 도스토예프스키, 톨스토이 등을 번역하였다.

7) Introduction à *La Guerre et la Paix I*, Gallimard, Folio, Paris, 1972, pp.38-40.

켜내야 하는, 작품 자체를 파열시킬 정도로 어마어마한 언어 총량 때문이다. 산문의 지향이 총체적(total)일수록, [글쓰기의] 통제 부재는 텍스트의 증식이나 팽창을 통해서라도 더욱 가시화되는데, 이는 조이스나 브로흐,[8] 토마스 만, 로베르트 무질,[9] 프루스트처럼 형식에 대한 고민이 큰 작품에서도 마찬가지다. 그러한 다원성을 가진 산문들은 절대로 길들여질 수 없다. 그러나 산문의 '못 쓴 부분' 또한 그 풍요로움의 일부이기도 하다. 산문의 풍요로움은 그 '다언어성(polylinguisme)'의 결과이다. 『돈키호테』를 예로 들어보면, 대중적인 구어(산초)에서부터 기사 소설이나 전원 소설에 등장하는 언어들에 이르기까지 다양한 당대의 스페인 '언어들'이 가진 다원성을 한데 모아놓고 있다. 소설 안에서 이 언어들은 서로 얽히고 서로를 조롱한다.[10]

산문 속에서 일어나는 언어의 바벨적 범람은 특수한 번역 문제

8) [역주] 헤르만 브로흐(Hermann Broch, 1886-1951). 오스트리아의 소설가. 대표작으로 장편 『베르길리우스의 죽음』, 단편집 『죄 없는 사람들』 등이 있다.

9) [역주] 로베르트 무질(Robert Musil, 1880-1942). 오스트리아의 작가이자 수필가, 희곡 작가.

10) 이것이 바흐친이 분석한 산문의 제1층위이다. 산문의 특징에 대한, 그리고 시와의 관계에 대한 더욱 급진적인 설명을 위해서는 벤야민을 참조할 것(*Le Concept de critique esthéique dans le Romantisme allemand*, trad. Ph. Lacoue-Labarthe et A. M. Lang, Flammarion, coll. "La Philosophie en effet", Paris, 1986. 여기서 저자는 모든 작품의 '산문적 핵(noyau prosaique)'을 언급한다). 또한 파스테르나크는 산문의 '번역적 긴장(tension traductive)'을 언급한다. 더불어 위대한 산문에서 통사가 차지하는 위치를 위대한 시에서 통사가 차지하는 위치와 견주어(예를 들어 브로흐에서의 통사와 홉킨스에게서의 통사) 생각해보아야 할 것이다.

들을 야기한다. 시 번역의 주요 문제 중 하나가 바로 시가 가지는 다의성(예를 들어 셰익스피어의 『소네트』의 경우)을 살리는 데 있다면, 산문 번역에 있어서 중요한 것은 소설과 수필의 비정형적 다언어를 살리는 데 있다.

산문은 시보다 열등한 것으로 간주되곤 하므로, 산문의 번역 과정에서 일어나는 왜곡은 눈에 띄지 않거나, 눈에 띄더라도 시에서의 왜곡보다 더 잘 받아들여진다. 왜냐하면 이러한 왜곡이 좀처럼 간파해내기 어려운 지점들을 대상으로 이루어지기 때문이다. 횔덜린의 시에서 어떤 측면이 훼손되었는지를 찾아내기는 쉬우나, 포크너의 소설에서, 특히 번역이 (미학적으로) 잘된 것처럼 보일 경우, 무엇이 파괴되었는지를 가려내기는 훨씬 어렵다. 이것이 바로 산문문학 번역의 분석론을 구축하는 것이 시급한 이유이다.

왜곡의 경향들

이러한 분석론은 원문의 문자를 단지 '의미'나 '형식미'를 살리기 위해 상당히 체계적으로 파괴하는 것을 목적으로 하는 몇 가지 왜곡 경향들, 그 자체로 하나의 체계를 이루는 그러한 경향들을 간파해내는 것에서 출발한다. 산문의 본질이 '형식미'의 거부, 그리고 (랑송이 몽테뉴에게 비난한) 자의적 통사 사용을 바탕으로 한 의미의 거부(위대한 산문에서는 통사의 무성한 수목(樹木)적 증식이 말 그대로 의미를 뒤덮고 가려버리므로)에 있다고 상정할 경우, 이러한 왜곡의 해악을 가늠할 만하다.

여기서는 이러한 경향들 중 열세 가지를 언급하고자 한다. 어쩌면 이 밖에도 더 있을 수 있고 그 중 몇몇은 서로 중첩되기도 하며 한 경향이 다른 경향에서 파생되기도 한다. 몇 가지 경향은 잘 알려져 있으며, 때론 몇몇 고전적 언어(langue classicisante)에만 해당되는 것처럼 보일 수도 있다. 그러나 실제로 이러한 경향들은 최소한 서구라는 공간에서는 언어를 불문하고 모든 번역에서 드러난다. 단지 특정 언어 영역 안에서는 그 중 몇몇 경향들이 두드러진다고 말할 수 있을 뿐이다.

여기서 분석될 경향들은 합리화, 명확화, 길이 증가, 고상화, 통속화, 질적 빈약화, 양적 빈약화, 균질화, 리듬의 파괴, 기저(基底) 시니피앙 망의 파괴, 텍스트적 체계성의 파괴, 토착언어망의 파괴 및 이국화, 관용구의 파괴, 언어들 간 중첩의 소멸 등이다.

합리화

합리화는 우선적으로 원문의 통사구조, 그리고 산문 텍스트가 가진 미묘한 요소 중 하나인 구두점을 대상으로 한다. 합리화란 문장 혹은 문장의 연쇄를 담화는 어떤 순서로 전개되어야 한다는 일종의 관념에 따라 재구성하는 것을 말한다. 우리가 앞서 간략히 언급한 바와 같이 위대한 산문(소설, 서간문, 수필)은 (관계사와 분사의 반복과 남발, 삽입구, 긴 문장, 동사 없는 문장 등으로 특징지어지는) 수목(樹木)적 구조를 가지고 있으며, 이는 일반적인 담화가 가지는 단선적 논리 구조와 대척점에 있다. 합리화는 원문의 수목적 구조를 단선성으로 거칠게 끌어온다.

『카라마조프의 형제들』의 프랑스어 번역자는 다음과 같이 쓰고 있다.

> "본래 도스토예프스키의 문체가 가진 독특한 무거움은 번역가에게 거의 해결 불가능한 문제를 야기한다. 그 내용적 풍요로움에도 불구하고 무성하게 헝클어진 그의 문장들을 재현해내는 것은 거의 불가능했을 것이다."[11)]

그런데 산문이라는 것은 본질적으로 통사적 차원에서의 수목적 현상을 넘어서서 이러한 '무성함'을 부분적으로나마 품고 있다. 수필이나 소설에서 형식이 넘치면 산문을 응고시켜버리며, 형식의 '불완전성'이야말로 수필과 소설의 가능 조건이다. 이러한 유의미한 비정형성으로 인하여, 산문은 한 언어가 가진 다언어적 심연으로 파고들어간다. 그런데 합리화는 이 모든 것을 소위 '[번역] 불가능성'이라는 기치 아래 파괴해버린다.

합리화는 산문의 또 다른 요소인 **구체성의 지향**(visée du concrétude)을 무화시킨다. 합리화라는 것은 결국 추상화나 일반화와 통한다. 그런데 산문은 구체적인 것에 초점을 맞춘다. 산문은 심지어 그 흐름 안에 담고 가는 수많은 추상적, 성찰적 요소들까지도 구체적인 것으로 만든다(프루스트, 몽테뉴). 합리화는 단지 원문의 통사구조를 단선적 방식으로 재배열할 뿐 아니라, 동사를 명사로 번역하거나, 두 개의 명사 중 더 일반적인 명사로 번역하는 방식 등을 통해서 원문을 구체적인 것에서 추상적인 것으로

---

11) Meschonnic, *Pour la poétique II*, *op. cit.*, p.317.

옮겨놓는다. 이브 본느프와는 셰익스피어 작품의 번역 과정에서 작동된 이러한 과정을 증명해 보인 바 있다.

이렇듯 일반화를 지향하는 합리화는 전면적인 방식으로 이루어지는 것이 아니라는 점에서 더더욱 해롭다. 그리고 전면적이 아니라는 데에 합리화의 의미가 있다. 왜냐하면 합리화는 원문에서 정형적인 것과 비정형적인 것, 정렬된 것과 무질서한 것, 추상적인 것과 구체적인 것 간의 관계를 전도(顚倒)시키는 것에서 만족하기 때문이다. 자민족중심적 번역에서 전형적으로 드러나는 이러한 전도의 결과, 작품의 형식과 의미는 안 바뀐 듯하나, 작품의 기호(signe)와 지위(statut)는 급진적으로 바뀌게 된다. 파라과이의 소설가 로아 바스토스의 『사람의 아들(*Hijo de Hombre*)』의 최초 번역본은 원문의 합리적 요소를 '살짝' 부각시켜, 독자들에게 '아름다운' 고전작품을 만들어 소개함으로써, 작품의 지위를 변화시켰다.

요약해보면, 합리화는 원문의 기본적 성향(구체성)을 전도시키고, 통사적 수목 구조를 단선화시킴으로써 원문을 왜곡시킨다.

명확화

명확화는 합리화의 필연적 귀결 중 하나이면서, 특히 개별 단어들의 '명확성'과 관계된 것이다. 명확화는 원문이 (그 고유의 필연성에 따라) 불확정(indéfini)적인 것으로 남겨둔 것에 확정적인 것을 부과하려 한다.

샤피로는 도스토예프스키에 관하여 다음과 같이 쓰고 있다.

"러시아어 문장이 암시하는 바를 전달하기 위해, 종종 원문 문장을 보완해야 한다."[12)]

수많은 번역가들과 저자들에게 있어서 명확화는 의심의 여지없는 원칙인 듯하다. 영국 시인 갈웨이 키널[13)]은 다음과 같이 쓰고 있다.

"번역문은 원문보다 조금 더 명확해야 한다."[14)]

물론 모든 번역 행위는 주름을 펴듯 풀어내는 행위라는 점에서, 명확화는 번역에 내재하는 것이다. 그러나 이는 극도로 상이한 두 가지를 동시에 의미한다.

풀어냄(explicitation)[15)]은 원문에서 겉으로 드러나 있지 않은, 은폐되어 있거나 억압되어 있는 어떤 것을 드러내는 것일 수도 있다. 번역은 그 고유의 운동을 통해서 이러한 요소를 밝혀 드러내준다. 이것이 바로 하이데거가 철학에 대해 암시한 말이다.

"번역을 거치면서 사유의 작업은 다른 언어의 정신 속으로 옮겨

---

12) *Op. cit.*, pp.317-318.

13) [역주] 갈웨이 키널(Galway Kinnel, 1927-). 20세기 후반 가장 영향력 있는 미국 시인으로 알려져 있으며, 퓰리처상을 수상한 바 있다. 베르만은 키널을 '영국' 시인이라 했으나 확인 결과 '미국' 시인으로 밝혀졌다.

14) Michel Gresset가 인용. "De la traduction de la métaphore littéraire à la traduction comme métaphore de l'écriture", *Revue française d'études américaines*, no. 18, novembre 1983, AFEA, Paris, p.517.

15) [역주] '해명(解明)'이라는 우리말 번역어도 가능하다고 본다.

지게 되며, 이 과정에서 불가피한 변형을 겪게 된다. 그러나 이러한 변형은 유익한 것이 될 수도 있다. 왜냐하면 이를 통해 물음이 가진 근본적 위치가 새로운 조명 하에 드러나기 때문이다."[16]

이러한 밝혀줌과 드러냄의 힘이야말로 번역이 가질 수 있는 최고 심급의 힘이라는 점을 우리는 횔덜린을 통하여 살펴보게 될 것이다.

그러나 부정적 의미에서의 풀어냄은 원문에서 명확하지 않고 또 원문에서 의도적으로 명확하지 않게 남겨둔 것을 '명확'하게 만들고자 한다. 다의적인 것을 일의적인 것으로 옮기는 것도 명확화의 방식 중 하나이다. 바꿔쓰기식(paraphrasante) 번역이나 설명을 덧붙이는 식의 번역 역시 명확화의 또 다른 방식이다. 이를 통해 우리는 세 번째 왜곡의 경향에 이르게 된다.

길이 증가

모든 번역은 원문보다 길어지는 경향이 있다. 부분적으로 이러한 경향은 앞서 언급한 두 가지 경향의 결과이다. 합리화와 명확화는 길이의 늘어남, 원문에서 '접혀' 있는 것의 '펼침'을 요구한다. 그러나 이렇게 늘어난 부분은 텍스트의 관점에서는 '속이 빈' 것으로 규정될 수도 있으며, 텍스트의 빈곤화를 초래하는 기타 양적 형식들과 공존할 수 있다. 여기서 지적하고자 하는 바는, 텍

16) *Questions I*, trad. H. Corbin, Gallimard, coll. "Classiques de la philosophie", Paris, 1968, p.10.

스트에 [무엇인가를] '첨가'하는 것이 결국 어떤 것도 더해주지 못하며, 텍스트의 총량을 증가시킬 뿐 텍스트의 말하는 힘이나 의미 작용은 증가시키지 못한다는 것이다. 설명을 덧붙이면 작품이 더 '명확'해질지는 몰라도, 실상 작품이 고유하게 가진 명확함의 방식을 흐려버린다. 더욱이 길이 증가는 작품의 리듬에 치명적 일격을 가하는 일종의 태만이다. 이것이 바로 종종 '과잉 번역'이라 불리는 것으로, 그 대표적 사례가 바로 아르멜 게른느(Armel Guerne)가 번역한 『모비딕』이다. '길이가 늘어난' 해양소설 『모비딕』은 한껏 과장되어 불필요할 정도로 거창한 소설이 된다. 길이 증가로 인하여 작품이 본원적으로 가지고 있던 비정형성이 개악(改惡)되어, 충만한 비정형성이 공허한 비정형성으로 변한다. 산문 세계의 또 다른 극단에 위치한 노발리스의 『단편』 역시 동일한 역자인 게른느에 의해 번역되는 과정에서, 독일어 원문 특유의 간결성, 즉 의미의 무한정성을 포착하여 이것을 우물처럼 수직적인 긴 여운으로 살려내는 간결함이, 번역문에서는 무한정으로 펼쳐져 밋밋해졌다. 노발리스에게서 수직적이었던 것이 길이 증가로 인하여 수평적인 것이 되어버렸다.[17] 주지할 것

---

17) 다른 면에서는 존경받을 만한 번역가였던 게른느는 자신이 노발리스 작품을 번역한 방식에 대해 다음과 같이 설명하였다. "중요한 것은 이 저자에게 이미 현존하고 있는 '프랑스적' 요소를 부각시키는 데 있다." 흥미로운 설명인 것은 사실이나 그의 노발리스 『단편』 번역은 번역과 관련하여 프랑스에서 있었던 수많은 '추문들(scandales)' 중 하나임을 부정할 수 없다. 게른느는 『단편』의 문자를 파괴하였을 뿐 아니라 (A. W. 슐레겔의 말을 빌리자면) 노발리스의 '신비로운 용어들'까지도 파괴한다. 예를 들어 노발리스의 'transcendental'은 'transcendant'으로 번역된다.

은 이러한 길이 증가가 모든 번역 언어들에서 다양한 강도로 발생한다는 것이며, 이는 본질적으로 언어학적 근거를 가지고 있지 않다는 점이다. 길이 증가는 번역하기 그 자체에 내재되어 있는 경향인 것이다.

고상화

이것이야말로 플라톤주의적 번역의 정점에 위치한 것으로 그 완결된 형태가 바로 고전주의 번역(혹은 탈-번역)이다. 고상화로 인해 번역문은 원문보다 (형태적으로) 더 아름다워진다. 이것이 바로 프랑스 고전주의의 아버지 중 하나인 부우르(Bouhours)가 고대인들의 번역에서 예찬했던 대목이다. 이제 합리화의 논리를 미학이 완결시키려 한다. 즉, 모든 담화는 아름다운 담화여야 하는 것이다. 운문의 경우에는 이것이 '운문화'로 나타나며, 산문의 경우는 '수사화(修辭化)'로 드러난다. 알랭은 앞서 언급한 텍스트에서, 영국 운문의 번역에서 일어나는 이러한 과정을 암시하고 있다.

> "만일 누군가 셸리의 시를 프랑스어로 번역하고자 한다면, 그는 항상 지나칠 정도로 웅변가스러운 프랑스 시인들의 관행에 따라 우선 영어 원문 사이사이에 공간을 두게 될 것이다. 공공장소에서의 낭독시를 염두에 둔 규칙들에 의거, 번역자는 [인칭 관계대명사] qui와 [사물 관계대명사] que 등과 같은 통사적 경계선들을 배치하여 지지대를 만들 것이고, 이는 핵심적 단어들끼리 물고 물리는 작업을 방해하게 된다. 나는 이런 식으로 분절하는 기법 자체를 경멸

하지는 않으나 … 그러나 이는 그토록 촘촘하고 집약적인 방식으로 탁월하고 명석하면서도 수수께끼 같은 말을 하는 영국식 화법은 더 이상 아닌 것이다."[18]

원문을 미화시키는 수사화는 원문을 일종의 '원재료'로 삼아 '우아한' 문장들을 생산해내는 것이다.[19] 따라서 고상화는 원문을 토대로 (혹은 희생시켜) 이루어지는 다시 쓰기, 혹은 '문체 연습'에 불과한 것이다. 이러한 방식은 문학 영역에서 뿐 아니라 인문학의 영역에서도 작동하여 '가독적'이고 '명쾌'하고 '잘 다듬어진' 텍스트, 원문의 '무게'를 털어내고 의미만을 살린 텍스트들을 생산한다. 이러한 다시 쓰기는 모든 산문에 내재하는 수사적 요소들을 다시 강조한다는 점에서 스스로를 정당화시키는데, 이는 결국 그러한 수사적 요소들을 진부하게 만들어버리는 것이고 이것에 과도한 위상을 부여하는 것이다. 예를 들어 루소나 샤토브리앙, 위고, 멜빌, 프루스트 등에게서 발견되는 이러한 수사적 요소들은 특정한 구어성(oralité)을 담보하고 있기에, 대중적이면서도 교양 있는 화법으로 그 품격을 인정받았다. 그러나 원문을 고

18) *Op. cit.*, p.56.

19) 번역의 모든 분야에서 원문이 우아하든 그렇지 않든 간에 '우아함(élégance)'이라는 것이 최상의 규범인 것처럼 상정된다. 이는 문학 텍스트뿐 아니라 기술 텍스트에서도 마찬가지다. 그러나 대체 이 우아함이라는 것이 무엇인가? 라틴 작가들이 번역과 그 규범을 수사학의 범주 내에서 다루었다는 사실은 역사적 차원에서 하찮게 여길 만한 일이 아니다. 번역물을 '미화시키려는' 이러한 경향에 맞서 오르테가 이 가세트(Ortega y Gasset)는 미래의 번역이 '추한 번역(traduccion fea)'이어야 한다고 주장하였다.

상화함으로써 원문의 구어적 풍요성과 산문이 가지고 있는 비정형적 다언어성의 차원을 파괴시켜버리는 다시 쓰기의 수사적 우아함은 이들의 아름다운 화법과는 무관한 것이다.

이러한 고상화의 이면(이자 덧붙여진 요소)은 원문에서 '대중적'인 것으로 판단되는 대목들이 등장할 때마다 맹목적으로 이를 사이비 속어로 대체함으로써 원문을 통속화시키거나, 혹은 특정 '말투'의 언어로 번역함으로써 '구어'와 '말투'의 혼동을 드러내는 것이다. 사이비 속어(혹은 사이비 사투리)가 주는 경박함은 시골풍의 구어성뿐 아니라 도시적 말투의 엄격한 코드마저 배반하게 된다.

질적 빈약화

이는 원문에 등장하는 단어, 표현, 어투 등을 음성적 풍부함이나 시니피앙적 풍부함, 더 나아가 도상(圖上)적 풍부함이 없는 단어, 표현, 어투 등으로 대체하는 것을 말한다. 여기서 도상적 단어라는 것은 지시 대상과의 관계 속에서 '이미지를 형성하는' 단어, 즉 해당 단어와 지시 대상 간의 유사성을 깨닫게 하는 단어를 말한다. 스피처(Spitzer)는 자신의 『문체 연구(*Etudes de style*)』에서 이러한 도상성을 다음과 같이 암시하고 있다.

> "세계의 모든 언어들에서 나비를 지칭하는 말이 만화경처럼 변화하듯, 농담이나 말놀이 등을 담고 있는 단어들도 그렇게 환상적인 방식으로 작동한다."[20]

이는 '나비'라는 단어가 실물 '나비'를 닮았다는 의미가 아니라 그 단어의 음성적, 물질적 실체 및 두께 측면에서 볼 때, 그 단어에는 뭔가 나비의 나비스러움이 들어 있다는 것이다. 운문이건 산문이건 그 나름의 방식으로 도상성의 표면들이라 불리는 것을 생산해낸다.

우리가 페루의 'chuchumeca'라는 말을 '창녀(pute)'로 번역하면, 물론 그 의미는 전달한 것이겠으나 바로 이 단어만이 가지고 있는 음성적, 시니피앙적 진실은 전혀 옮겨지지 않은 것이다. 이는 우리가 일반적으로 '맛깔스러운', '촘촘한', '강렬한', '색깔 있는' 단어로 규정하는 모든 어휘들, 즉 단어의 도상적 물질성을 담보하고 있는 모든 수식어들에 해당된다. 이러한 (도상적인 것을 희생하고 지칭을 우선시하는) 대체의 관행이 하나의 작품 전체, 그 도상성의 원천 전체에 적용될 경우, 이러한 관행은 결과적으로 그 작품의 시니피앙스[또는 의미작용], 그 말하는 힘의 상당 부분을 파괴하게 된다.[21]

양적 빈약화

이는 어휘 차원의 소실을 의미한다. 모든 산문은 시니피앙 및

20) E. Martineau, "La langue, création collective; ou; qui a peur de la philologie?", *Po&sie*, no. 9, Belin Paris, deuxième trimestre 1979, p.102.

21) 말과 사물 간의 실제 유사성을 지칭하지 않는 이러한 의미의 도상성은 벤야민이 제안한 역설적 개념인 비감각적 유사성을 바탕으로 하여 분석될 수도 있을 것이다.

시니피앙의 (통사적) 연쇄들로 넘쳐난다. 모든 위대한 소설적 산문이나 서사적 산문은 '풍요롭다.' 위대한 산문은 예를 들어 비(非)고정적 시니피앙들을 담고 있는데, 그 이유는 이러한 산문에서 중요한 것은 하나의 시니피에가 수많은 시니피앙을 가지는 것이기 때문이다. 그래서 아르헨티나의 소설가 로베르토 아를트(Roberto Arlt)[22]는 '얼굴'이라는 하나의 시니피에에 대하여 semblante(낯빛), rostro(얼굴 모습), cara(얼굴) 등 다양한 시니피앙을 사용하면서도 왜 특정 맥락에서 특정 시니피앙을 쓰는지 설명조차 없다. 중요한 것은 그의 작품 속에서 '얼굴'의 실재성이 가지는 중요성이 세 개의 서로 다른 시니피앙의 사용을 통해 드러난다는 것이다. 이 삼중의 시니피앙을 존중하지 않는 번역은 그의 작품 속 '얼굴'을 인식 불가능한 것으로 만들어버린다. 번역문의 시니피앙이 원문에서보다 적어진다는 점에서 이를 손실로 볼 수 있다. 이는 작품의 어휘적 짜임새, 어휘성의 방식, 즉 그 풍요성을 침해하는 것이다. 이러한 어휘적 손실은 양적 증가, 텍스트 총량의 증가, 길이 증가 등과 함께 나타날 수도 있다. 왜냐하면 작품의 길이 증가는 원문의 어휘적 짜임과는 무관한 le, la, les, qui, que 등의 설명적, 장식적 시니피앙들을 추가하는 것이기 때문이다. 그래서 번역문은 원문보다 길어지면서도 빈약해져버린다. (산문에 있어서 양(量)이 중요한 요소라는 것을 모르지 않기에) 길이 증가는 종종 양의 손실을 은폐하는 데 사용된다.

---

22) Cf. *Les Sept Fous*, Belfond, Paris, 1982 [Le Seuil, coll. "Points", Paris, 1994]; *Le Jouet enragé*, PUG, Grenoble, 1985 [éditions Cent Pages, Grenoble, 1994], trad. Isabelle et Antoine Berman.

균질화

균질화란 본래 비균질적이었던 원문의 짜임새를 모든 차원에서 하나로 통일하는 것이다. 이것이야말로 앞서 언급한 모든 경향들의 결과물이라고 할 수 있다. 대부분의 산문 작품들이 그렇겠으나, 비균질적 작품을 눈앞에 둔 번역가는 다양하게 분산되어 있는 것들을 하나로 통일하고 균질화시키려는 경향이 있다. 비균질적인 것을 그대로 재현해내지 않는 것, 이것은 보리스 드 슐뢰저(Boris de Schloezer)가 번역에 내재되어 있는 빗질(peignage)이라고 표현한 것이다.

> "번역가는 원하든 원하지 않든, 텍스트를 빗질하게 된다. 원문의 결함으로 보이는 어조를 의도적으로 수정하게 되면 … 이는 어떤 경우에도 원문의 어조들과 등가한 것일 수 없다. 이리하여 필연적으로 『전쟁과 평화』의 한 측면이 감쇄되는 것이다."[23)]

결과적으로 균질화는 왜곡 체계를 이루는 대부분의 경향들과 연결된다. 그러나 균질화는 번역가의 존재 속 깊이 뿌리를 내리고 있는 별개의 경향으로 간주되어야 한다.

리듬의 파괴

이는 매우 본원적인 측면이나 간략하게 기술하고 넘어가도록

---

23) *Op. cit.*, p.40.

하겠다. 베다 알레만(Beda Alemann), 메쇼닉과 같은 저자들은 텍스트 차원의 리듬론(rythmique)을 연구하였다. 소설, 서간문, 수필 등도 시 못지않게 리듬을 가지고 있다. 심지어 이들은 다양한 리듬의 다중적 얽힘이라고 할 수 있다. 산문이라는 덩어리는 이렇듯 움직이고 있으므로 번역가는 (다행스럽게도) 이러한 리듬의 긴장을 깨기 어렵다. 이 리듬 때문에 우리는 '잘못' 번역된 소설일지라도 그 속으로 계속 끌려들어가는 것이다. 그러나 예를 들어, **구두점** 같은 것을 변형시키는 왜곡은 리듬에 심각한 영향을 미칠 수도 있다. 클로드 듀네통(Claude Duneton)은 자신의 저서 『아삭거리게 말하기(*Parler Croquant*)』에서, 비네와 다블네(Vinay & Darbelnet)가 『프랑스어와 영어의 비교문체론』[24)]에서 『영국, 나의 영국이여(*England, my England*)』에서 발췌한 D. H. 로렌스의 텍스트의 리듬을 어떻게 윤색하면서 동시에 파괴하였는지를 잘 증명해 보이고 있다. 윤색은 이 텍스트의 음조를 다른 음조로 바꾸어놓게 되며, 위의 두 저자에 의해 '과학적으로' 수행된 문장의 파편화는 본래 문장이 지녔던 몸짓 같은 리듬(영국 웨일스 지방을 지나는 작은 기차의 활기를 모방한 '활기')을 끊어놓게 된다. 앞서 인용한 논문[25)]에서 그레세(Gresset)는 포크너 작품의 번역문에서 어떻게 원문의 리듬이 파괴되었는지를 보여주었다. 다시 말해 포크너의 원문에 4개의 구두점만 표시되어 있던 대목이 번역본에는 총 22개의 구두점이 사용되었으며, 그 중 무려 18개

---

24) [역주] 원제는 *Stylistique comparée de l'anglais et du français* 이며 우리나라에 번역, 소개되어 있다(전성기 옮김, 고려대학교 출판부, 2003).

25) [역주] 이 책 p.78의 각주 14를 참조할 것.

가 쉼표였던 것이다!

기저(基底) 시니피앙 망의 파괴

모든 작품에는 '기저' 텍스트가 있어서, 몇몇 핵심 시니피앙들이 서로 조응하고 연쇄하면서, 단순한 읽기를 통해서도 겉으로 드러나는 텍스트의 '표층' 아래에서 일종의 망들을 형성한다. 작품의 리듬 체계와 시니피앙스를 구성하는 여러 단면들 중 하나가 바로 이러한 심층 텍스트(sous-texte)이다.

그래서 멀리 있던 단어들이 되돌아와, 그 사이의 유사성 때문이든 지향 방식 때문이든, 하나의 특수한 망을 형성하게 된다. 아를트 같은 저자에게서는 그런 단어들이 상당한 거리를 두고 (종종 상이한 여러 장(章)들에서) 출현하는 것을 보게 되는데, 몇몇 유형의 단어들은 특별한 맥락적인 정당성이 없이 사용되면서도, 어떤 특별한 느낌을 불러일으킨다. 예를 들어 다음과 같은 확대 접미사(augmentatif)의 계열에 주목해보자.

portalón – *alón* – *jaulón* – *portón* – *gigantón* – *callejón*
(portail) – (aile) – (cage) – (vestibule) – (géant) – (passage)
(정문) – (익면) – (외벽) – (현관) – (거인) – (통로)

이는 다음과 같은 망을 형성한다.

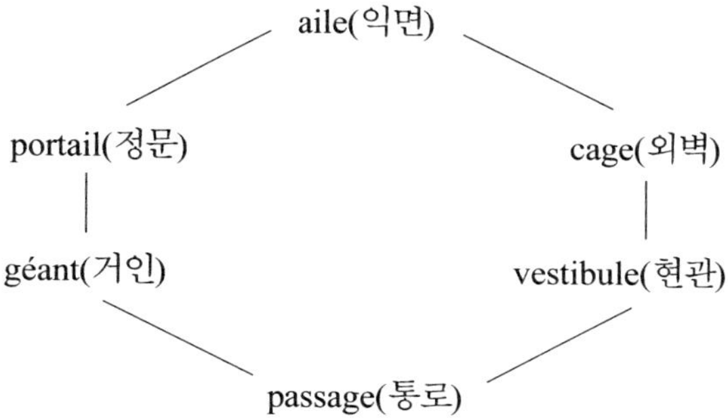

이렇게 확대접미사들을 망으로 연결시켜보는 것만으로도 이들의 연쇄가 하나의 의미를 형성하고 있으며, 이것이 『7인의 미치광이』[26]의 본질적 차원들 중 하나임을 알 수 있다. 이 시니피앙들이 확대접미사들인 것에는 이유가 있다. 왜냐하면 이 소설 속에는 일종의 **확대성**이라는 차원이 존재하기 때문이다. 정문, 익면, 외벽, 현관, 거인, 통로는 여기서 악몽들이 그러하듯 비상식적인 규모를 가진다. 이러한 망들을 전달하지 못하는 번역은 작품의 시니피앙의 짜임새 중 하나를 **파괴**하는 것이다.

작품의 말하는 힘을 구성하는 주요 축인 시니피앙군의 파괴도 마찬가지다. 예를 들어 베케트 같은 저자는 시각(vision)과 관련된 부분에서는 특정 동사, 특정 형용사, 특정 명사만을 사용하고 **다른 것들을 사용하지 않는다**. 그러나 기존의 번역은 그러한 체계성을 감지조차 못하고 있다.

26) [역주] 한국어 번역본 참조. 로베르토 아를트, 엄지영 옮김, 『7인의 미치광이』, 펭귄클래식코리아, 2008.

체계성의 파괴

한 작품의 체계성은 시니피앙의 층위를 넘어선다. 이는 문장이나 텍스트 구성의 유형까지 확장된다. 시제의 용법도 이러한 체계성 중 하나이며 특정 유형의 종속절(포크너가 즐겨 사용하는 'because')을 사용하는 것도 여기에 해당된다. 스피처가 프루스트나 라신을 연구하며 분석한 체계 전체가 바로 이것이다.

합리화, 명확화, 길이 증가는 이러한 체계가 본질적으로 배제하는 요소들을 삽입함으로써 이 시스템을 파괴한다. 이로 인해 묘한 결과가 유발된다. 번역된 텍스트는 앞서 우리가 말한 것처럼 원문보다 더 균질적인 텍스트가 되지만, 그러면서도 동시에 더 통일감 없고 비균질적이며 일관성 없는 텍스트가 되는 것이다. 번역문은 다양한 유형의 글쓰기가 뒤섞인 잡탕이 된다. 그 결과 번역은 늘 균질적인 동시에 일관성이 결여된 것으로 보이는 경향이 있다. 메쇼닉은 첼란의 번역과 관련하여 이를 증명해 보인 바 있다. 원문과 번역문에 대한 분석을 끝까지 밀고 나가보면, 번역 글쓰기는 출판사에서 한 페이지만 읽어보고 던져버리는 애송이들의 글처럼 체계 결여적임이 드러날 것이다. 단, 번역의 경우, 원문이 가지고 있던 체계성이 어느 정도 남아 있다 보니, 이러한 체계의 결여가 감춰지고 은폐되어 있다. 그러나 독자는 번역문을 좀처럼 신뢰하지 않으며, 번역문을 '참된' 텍스트로도, '실제 텍스트'로도 여기지 않으므로 번역 텍스트의 이러한 일관성 결여를 감지하고 만다. 편견을 넘어서서 보면 독자의 이러한 판단은 틀린 것이 아니다. 번역은 텍스트가 의당 가지고 있어야 하는 표지들, 무엇보다도 체계성을 결하고 있기에 '실제 텍스트'가 아닌 것이다. 길이 증가가 양적 빈곤화를 은폐할 수 없는 것처럼, 균질화 역시 체계 결여를 은폐할 수 없다.

토착언어망의 파괴 및 이국화

이 대목은 핵심적인데, 왜냐하면 모든 위대한 산문이 토착어와 매우 밀접한 관계를 맺고 있기 때문이다. "프랑스어로 안 되면, 가스코뉴어로 하면 된다"고 몽테뉴는 말했다.

첫째, 산문이 가지고 있는 다중언어적 지향은 필연적으로 토착적 요소들이 가지는 다원성을 포함하게 된다.

둘째, 산문이 구체성을 지향하다 보니, 토착적 요소들을 포함하게 되는데, 그 이유는 토착어가 교양어나 코이네(koinê, 공통언어)보다 본질적으로 더 물질적이고 도상적이기 때문이다. 피카르디 사투리인 'bibloteux'가 'livresque(책에서 얻은)'이라는 프랑스어보다 훨씬 생생하다. 프랑스어인 'sorcellerie(마법, 주술)'보다 프랑스 고어인 'sorcelage'가 더 풍요로우며, 서인도제도에서 쓰는 'dérespecter'가 'manquer de respect(존경심이 부족하다)'보다 더 풍요롭다.27)

셋째, 토착적 구어성을 되살리는 것을 그 명시적 목적으로 삼는 산문도 있을 수 있다. 20세기 라틴아메리카, 이탈리아, 심지어는 북미 문학의 상당수가 여기에 해당된다.

---

27) 앙드레 지드 같은 '고전적' 산문가에게서도 방언이나 토착어의 조어법에 따라 만든 수많은 신조어들을 발견할 수 있다.

따라서 토착어의 소멸은 산문 작품의 텍스트성에 대한 심각한 침해이다. 감소사의 삭제도, 능동형 동사가 명사 + 동사로 대체(페루어인 'alagunarse'가 'se transformer en lagune(석호(潟湖)로 화하다)')가 되는 것도, 'porteño(portègne)' 같은 토착어의 시니피앙이 'habitant de Buenos Aires(부에노스아이레스 주민)'으로 대체되는 것도 모두 마찬가지다.

토착어들을 보존하는 전통적 방식은, 바로 토착어들을 '이국화' 시키는 것이다. 이국화는 두 가지 형태를 띤다. 우선 이탤릭체로 쓰는 등 활자를 변화시키는 방식으로 원문에서는 고립되어 있지 않은 요소를 번역문에서 고립시키는 것이다. 두 번째는 훨씬 교묘한 방식으로, 토착어에 대한 정형화된 이미지를 토대로 해서 다른 요소들을 '덧붙여서' 더 '실감나게' 만드는 방식으로 토착어를 강조하는 것이다. 『천일야화』를 지나치게 아랍풍으로 번역한 마르드뤼[28]가 여기에 해당된다.

이국의 토착어를 현지의 지방어로 대체할 경우, 이국화는 통속화(vulgarisation)와 만나게 된다. 부에노스아이레스의 룬파르도(lunfardo)[29]를 파리의 비속어로 번역하고, 러시아나 이탈리아 농부들의 언어를 '노르망디 구어'로 번역한다. 불행하게도 토속어는 다른 토속어로 번역될 수 없다. 코이네들만이, 그리고 교양어들만이 서로 번역될 수 있다. 외부의 낯선 것을 내부의 낯선 것으로

28) [역주] 마르드뤼(Joseph Charles Mardrus, 1868-1949). 이집트 태생의 프랑스 물리학자이자 번역가.

29) [역주] 이탈리아어와 스페인어가 뒤섞인, 부에노스아이레스의 하층민이 주로 사용하는 거리 언어.

번역하는 이국화는 원문을 우스꽝스럽게 만들 뿐이다.

관용구의 파괴

산문은 이미지와 관용구, 어투, 속담 등 부분적으로 토속어에 속하는 것들로 넘쳐난다. 이들 중 대부분이 담고 있는 의미나 경험은 다른 언어의 관용구에서도 찾아볼 수 있다. 다음의 문장은 콘래드의 『태풍(*Typhoon*)』에 나오는 두 개의 관용적 표현이다.

> *"He did not care a tinker curse / Damne, if this ship isn't worse than Bedlam!"*

위의 두 관용 표현과 그 번역문을 인용한 비교언어학자30)는 앙드레 지드가 이들을 거의 직역하였다는 사실에 놀란다.

> "Il s'en fichait comme du juron d'un étameur / que le diable m'emporte si l'on ne se croirait pas à Bedlam!"
> 그는 도장공의 욕설을 대하듯 전혀 개의치 않았다. / 여기가 베들람 같지 않으면 악마가 날 데려가도 좋아.

사실 첫 번째 문장의 경우 "il s'en fichait comme d'une guigne(버찌만큼도 개의치 않다)"로 옮겼어야 하고, 두 번째 문장에서의 베들람은 유명한 영국의 정신 요양 시설이므로 프랑스의

---

30) Van der Meerschen, "La traduction française, problèmes de fidélité et de qualité", *op. cit.*, p.80.

비슷한 기관인 샤랑통(Charenton) 정신병원으로 번역될 수도 있었다. 그런데 비록 의미는 동일할지라도 하나의 관용표현을 그에 등가한 다른 표현으로 대체하는 것은 일종의 자민족중심주의로, 이것이 대대적으로 이루어질 경우, 『태풍』의 등장인물들이 프랑스어의 이미지를 가지고 대화를 하는 부조리함으로 귀결된다. 등가성을 가지고 유희하는 것은 작품의 말하는 힘을 침해하는 것이다. 하나의 관용어나 속담은 등가어로 대체되지 않는다. 번역한다는 것은 등가어를 찾는 것이 아니다. 더욱이 이를 다른 등가어로 대체하려는 것은 우리 안에 일종의 속담 인식 능력이 있다는 사실, 그래서 새로운 속담 속에서 우리 고유의 닮은 속담을 즉시 알아차릴 수 있는 능력을 부정하는 것이다.

> 세상은 일찍 일어나는 자의 것이다. (프랑스어)
> 아침 시간은 입에 금(金)을 품는다. (독일어)
> 아침의 새가 더 힘차게 노래한다. (러시아어)
> 아침에 일찍 일어나는 자는 신이 돕는다 (스페인어)

언어들 간 중첩의 소멸

산문, 특히 소설 작품의 경우, 언어들 간 중첩에는 두 가지 종류가 있다. 여러 방언들이 하나의 공통어와 공존할 수도 있고, 여러 개의 공통어가 공존할 수도 있다.

전자의 경우는 카를로 가다나 귄터 그라스의 소설들, 그리고 다양한 라틴아메리카의 스페인어에 카스티야어를 덮어씌운 바예-

인클란(Valle-Inclan)의 『독재자 반데라스(*Tirano Banderas*)』, 고전 포르투갈어와 브라질 북동부의 구어들이 상호 침투하고 있는 기마랑스 로자의 작품을 들 수 있다. 후자의 경우는 아르게다스(J. M. Arguedas)나 로아 바스토스를 예로 들 수 있는데, 이들의 작품에서는 전적으로 구어적 언어인 케추아어와 과라니어에 의해 스페인어가 통사적으로 변형된다. 그리고 극단적 사례로 조이스의 『피네간의 경야(*Finnegans Wake*)』를 들 수 있다.

위의 두 경우 모두, 언어의 중첩이 번역에 의해 위협받고 있다. 토착어와 공통어, 기저어(基底語)와 표층어 등 사이에 존재했던 긴장과 통합의 관계가 소멸되는 것이다. 로아 바스토스의 작품 속에 존재하는 과라니어와 스페인어 사이의 긴장을 어떻게 보존할 것인가? 『독재자 반데라스』 안에 존재하는 스페인 스페인어와 라틴아메리카 스페인어 간의 관계를 어떻게 살릴 것인가? 이것이야말로 산문을 번역할 때 제기되는 가장 첨예한 '문제'일 것이다. 왜냐하면, 모든 산문은 다양한 강도로 등장하는 언어들 간의 중첩을 그 특징으로 하기 때문이다. 바흐친에 따르면, 소설은 그 안에 이종 담화성(hétérology, 즉 담화 유형의 다양성), 이종 언어성(hétéroglossie, 즉, 언어들의 다양성), 다성성(hétérophonie, 즉, 목소리들의 다양성)을 담고 있다.[31] 이종 언어성의 경우 토마스 만의 『마의 산』이 훌륭한 예가 된다. 이 작품을 프랑스어로 번역한 모리스 베츠(Maurice Betz)가 이를 부분적으로 살려냈다고 볼 수 있는데 주인공인 한스 카스토르프가 사모하는 쇼사 부인과 나누

31) T. Todorov, *Mikhaïl Bakhtine. Le principe dialogique*, suivi de *Écrits du Cercle de Bakhtine*, Le Seuil, coll. "Poétique", Paris, 1981, p.89.

는 대화가 여기에 해당된다. 원문에서 두 사람은 모두 프랑스어로 대화를 하는데, 여기서 흥미로운 것은 독일인인 남자 주인공의 프랑스어와 젊은 러시아 여성의 프랑스어가 같지 않다는 것이다. 번역문에서 이 두 인물의 프랑스어는 번역문의 프랑스어에 둘러싸이게 된다. 모리스 베츠는 토마스 만의 독일어의 여운을 충분히 남겨놓아서 세 가지 프랑스어가 각자의 고유한 낯섦을 간직할 수 있도록 하였다. 이는 보기 드문 성공이다. 왜냐하면, 대부분의 경우 번역은 혼란스러운 언어들 간의 중첩을 삭제하려고만 하기 때문이다.

우리가 방금 분석한 경향들은 하나의 전체를 이루며 이를 통하여 우리가 문자라 칭하는 것이 무엇인지가 역으로 드러난다. 문자는 이러한 왜곡 체계가 파괴하고자 하는 모든 차원들을 가리킨다. 이러한 왜곡 체계는 번역 행위의 어떤 전통적 상(figure)을 규정한다. 이 왜곡 체계는 이론적 원칙을 통해 도출된 결과가 아니다. 오히려 번역 이론들이 이 토양으로부터 배양되어 이런 기존의 번역 양상을 자명한 것으로 상정하고 이를 이데올로기적으로 뒷받침한다. 사실 이론들은 그것 외에 다른 것을 할 수 없다. 모든 번역 이론은 의미를 위해 문자를 파괴하고자 하는 이론이다. 이 논의를 여기서 더 이상 개진시키기는 어렵다.

이러한 힘과 경향들에 의해 지배받는 번역은 근원적으로 도상파괴적(iconoclaste)이다. 이러한 번역은 작품이 문자와 의미 사이에 구축한 특유의 관계, 즉 문자가 의미를 '빨아들이는' 관계를 해체한다. 이러한 관계를 해체하면서 분해된 문자의 폐허 속에서 소위 '더 온전한' 의미가 도출되어 나오는 정반대의 관계를 구축하게 된다.

이는 통상적 의미에서 '오류'라 할 만한 것은 아니다. 그보다는 일종의 필연성이라고 할 수 있다. 왜냐하면, 여기서 이렇게 파괴하는 일이야말로, 우리가 작품(즉, 활자화된 것)과 맺는 관계들 중 하나이기 때문이다. 어쩌면 작품이 이러한 파괴를 부르는 것일 수도 있다. 왜곡의 체계를 통해 수행되는 의미의 해방과 표현도 무시할 만한 것은 아니다. 게다가 패러디, 모작, 모방, 그리고 비평 등 작품을 파괴하는 다른 방식들도 존재한다.[32)]

결과적으로 (의미에 치중하는) 비평과 번역은 작품 파괴의 근본적 방식이다. 그러나 이런 파괴가 그 나름의 필연성을 가질 수는 있어도, 그렇다고 해서 이러한 파괴가 작품과 관계 맺는 유일한 방식이어야 하는 것은 아니다. 그리고 이러한 파괴 관계가 가장 지배적인 관계여야 하는 것도 아니다.

우리가 왜곡 체계를 '비판'하는 것은, 번역 행위의 또 다른 본질에 의거한 것이다. 왜냐하면, 몇몇 특정한 관계들 속에서는 문자가 파괴될 수밖에 없다 하더라도, 더 본질적인 다른 관계 속에서는 문자가 보존되고 유지되어야 하기 때문이다.

---

32) 몽테뉴는 『수상록』에서 '주석(glose)'이 가지고 있는 이런 파괴적 본성을 예감하였다. 독일 낭만주의(노발리스와 슐레겔)는 관념주의적인 방식에 입각하여 번역과 비평에 의해 수행되는 작품의 파괴를 이론화하였다. 다시 말해 여기서의 파괴는 '역량 강화(Potenzierung)'이다.

제 3 장
번역의 윤리

전통적 번역 양상에서 개입하는 왜곡 체계를 연구하다 보면, 이러한 '부정적' 분석이 긍정적 분석론, 다시 말해 '제대로 잘 번역하는' 것에 대한 분석론을 끊임없이 요청한다는 느낌이 든다. 그러나 이렇게 하나에서 다른 하나로 곧바로 옮겨가는 것은 불가능하다. 만일 그렇게 한다면 우리는 왜곡의 힘들에 맞서서 '번역의 기예'에 도달하기 위한 어느 정도 구체적인 일련의 '비결들'을 나열하게 될 것이고, 이는 결국 과거의 방법론들만큼이나 규범적이고 도그마적인 또 하나의 방법론을 제시하는 것에 지나지 않기 때문이다. 이러한 왜곡에 맞서는 '비결들'이 유의미하려면, 방법론적인 것이 아닌 규준들을 정하고, 이를 토대로 번역 행위의 지향점을 명확히 규명해야 한다. 번역의 분석론은 번역의 지향에 대한 정의를 그 안에 전제하고 있다. 그러한 정의가 있어야만 왜곡적 경향들이 있는 그대로 드러나기 때문이다. 콜라르도(Colardeau)나 볼테르, 르낭(Renan), 혹은 지드는 이러한 왜곡의 경향들이 번역 자체에 내재해 있는 것으로 간주하였다. 따라서 긍정적 분석론을 제안하려면 두 가지가 선행되어야 한다. 첫째, (하이퍼텍스트적 관행의 공간과 구분되는) 번역 고유의 활동 공간을 정의하여야 하며, 둘째, 역사적 우연성들을 넘어서서 번역의 순수한 지향을 정의해야 한다. (역사주의적 관점에서는 쉽게 비판 가능한 방식이겠으나) 우리는 이러한 접근이 합당하다고 판단한다.

번역과 커뮤니케이션

번역이 단지 커뮤니케이션 과정일 뿐이라면, 다시 말해 출발 언어(소위 원천 언어)로부터 도착 언어(소위 목표 언어)로의 '메시지' 전달에 불과하다면, 번역은 방법론의 영역에만 속하게 될 것이다. 이러한 방식으로 사태를 바라보는 것(그리고 명명하는 것)은 번역 '이론'에서 상당히 보편화되어 있다. 번역을 기술공학으로 보는 이러한 은유의 함의는 상당하며, 이는 우리가 성찰해 볼 필요가 있다. 왜냐하면 결국 이러한 관점은 전문기술 텍스트의 번역과 작품의 번역을 동일선상에 놓고, 두 가지 번역이 모두 발신자가 x언어로 발송한 '메시지'를 수용자를 위해 y언어로 옮기는 것으로 보는 것이기 때문이다. 여기서도 이러한 기술적 은유의 무게는 상당하다. 전문기술 텍스트(만일 이를 텍스트라 부를 수 있다면)는 일정량의 정보를 (비교적) 일의적 방식으로 전달하는 것을 목표로 하는 하나의 메시지이다. 그러나 작품은, 설령 그것이 어떤 정보를 담고 있을지언정, 어떤 종류의 정보도 전달하지 않는다. 단지 어떤 세계에 대한 체험을 열어줄 뿐이다. 따라서 고도로 추상화된 차원에서만이 메시지와 텍스트 간의 공통분모를 찾을 수 있으며 그러다 보면 결국 메시지와 텍스트를 혼동하는 우(遇)를 범하게 된다. 메시지는 방법론의 영역에 속하는 것이 분명하지만, 텍스트는 그렇지 않다. 이는 메시지와 텍스트 사이의 위계를 정하려는 것이 아니라 명확히 그 영역을 구분하고자 함이다. 다시 말해 텍스트는 결코 메시지가 아니며 그 역도 마찬가지다. 그렇다고 해서 작품이 전적으로 직관적 기예의 영역에 속한다는 의미는 아니다. 작품 번역 역시 고도의 체계성을 요하는 작업이다. 그러나 체계는 방법과 다르다. 작품 번역을 지배하는 체계론의 원칙들은 일종의 지향에 속하는 것이며, 작품 번역은 선험적으로 모든 커뮤니케이션을 넘어서는 당위적 명령에 스스로를 내맡길 때에만이 커뮤니케이션이 된다. 소위 '문학' 번역이 스스로를 커뮤니케이션 행위로 상정하는 순간, 번역은 불가피하게 비(非)커뮤니케이션(non-communication)이 되어버린다. 간단히 말해, 커뮤니케이션 개념은 작품 및 작품 번역을 규정하기에는 지나치게 추상적이다. 더욱이 이 개념은 기술공학이 결정적으로 점유한 개념이므로 그냥 기술공학에 맡겨두자. 이는 번역학(traductologie)이 아닌 번역공학(traductique)의 소관이다.

반(反)생산적 커뮤니케이션

그러나 반론도 있을 것이다. 번역가는 원문을 몰라서 작품을 '맛볼 수' 없는 독자들에게 원작품을 '커뮤니케이션'하고자 하는 것이 아닌가? 그것이 모든 번역의 최종적 지향이 아닌가? 그리고 번역의 당위성을 근거 짓는 것이 아닌가? 다른 말로 하면, 번역은

는 일종의 안내(introduction)가 아니던가?

우선 다음 사실을 주시해보자. 번역가가 그러한 '안내'를 목표로 삼을 때마다, 번역가는 독자를 자신의 지평으로 삼게 되므로 독자를 위해 '양보'할 수밖에 없다. 그리고 이는 커뮤니케이션 과정에서 발생하는 두 가지 (객관적) 법칙에 부응하게 되는데 이를 피에르 기로(Pierre Guiraud)는 다음과 같이 정리하였다.

> "메시지가 확산될수록 그 내용은 줄어든다. … 모든 것을 모든 사람들에게 말할 수 있으나, 이 경우 너무 모호하게 말하게 되고 결국 메시지는 무(無) 속으로 희석되어버린다."[1)]

앞서 확인한 것처럼 도스토에프스키의 작품을 소위 최대한 많은 프랑스 독자에게 가독적인 것이 되도록 '가지를 쳐내는' 것이 여기에 해당된다.

두 번째 법칙은 다음과 같이 천명될 수 있다. (간단하게 설명하여) 커뮤니케이션의 두 가지 중요한 축, 즉 '무엇'의 소통과 '누구'를 대상으로 하는 소통 중 항상 후자가 전자보다 우위를 점하게 된다. 이렇듯 커뮤니케이션은 수용자 혹은 우리가 수용자에 대해 가지고 있는 이미지에 의해 지배된다는 점에서 그 안에 이미 일종의 불균형이 내재한다. 그 결과 우리가 매일 언론매체들을 통해 확인하는 바와 같이, 작품에 대한 접근성을 '용이하게 하

---

1) P. Guiraud, "Les fonctions secondaires du langage", in *Le Langage*, publ. sous la dir. d'André Martinet, La Pléiade, Gallimard, Paris, 1982, [1987], p.461.

는 것'을 지향하는 커뮤니케이션은 필연적으로 하나의 조작(manipulation)이다. 어떤 시대든, 이러한 과정이 번역에 적용되었을 경우 그 폐해가 컸음이 드러났다.

이와 유사한 두 가지 상황을 들 수 있다. 대중을 위해 글을 쓰는 작가, 그리고 과학의 통속화(vulgarisation) 작업을 하는 사람이다. 첫 번째 경우는 길게 논하지 않으려 한다. 물론 사회학에서는 이러한 평가를 맘에 들어 하지 않겠으나, 이는 아류적이고 반복적인 이류 작품들의 경우에 해당되기 때문이다. 대중을 위해 번역하는 번역가는 원전보다 대중을 우선하게 되는데, 대중에게 자신이 '손본' 작품을 제시한다는 점에서, 결국은 대중 역시 배신하게 된다. 이것이 바로 훔볼트의 오래된 딜레마이다.

> "어떤 번역가든 다음과 같은 두 가지 함정 중 하나에 빠질 수밖에 없다. 즉, 원전의 정확성에 과도하게 얽매여서 자국민의 언어나 그 특성을 손상시키거나, 혹은 반대로 자국민의 고유성에 지나치게 얽매여서 번역해야 할 원작품을 훼손하는 것이다."2)

커뮤니케이션 이론으로 설명해보면 이는 기로가 말한 것처럼 다음의 현상으로 귀결된다.

---

2) Lettre à Schlegel, 23 juillet 1796. Antoine Berman, *L'Épreuve de l'étranger*, Gallimard, coll. "Essais", Paris, 1984, [Gallimard, coll. "Tel", Paris, 1995], p.9.
[역주] 앙트완 베르만, 윤성우 · 이향 옮김, 『낯선 것으로부터 오는 시련』(철학과현실사, 2009), p.7.

"우리는 모든 것을 다 말하되 아무도 이해하지 못하는 것과, 아무것도 말하지 않되 모두가 이해하는 것 사이에 갇혀 있는데, 이 두 상황은 반비례한다."[3]

그러나 이 딜레마가 절대적인 것은 아니다. 번역가가 일반 독자도 염두에 두는 것은 당연하며, 좀 더 구체적으로 번역의 가독성을 고려해야 하는 것은 당연하다. 이는 앞서 언급한 두 번째의 상황, 즉 과학의 통속화 작업을 하는 사람, 다시 말해 전문적 언어를 일상적 언어로 번역하는 사람들의 상황과 연결된다. 우리가 알다시피, 이러한 유형의 '번역'은 순조롭게 이루어지는 경우가 거의 없다. 전문적 언어는 소실되고, 지식의 전달은 원활하지 못하다. 이러한 작업에서는 시를 산문화할 때만큼이나 많은 손실이 발생한다. 두 가지 경우 모두, (전문적인 혹은 시적인) 언어의 본질이 소멸되어버린다. 그럴 수밖에 없는 것이 통속화하는 사람은 커뮤니케이션만을 생각하기 때문이다. 기로의 법칙이 엄청난 무게로 그를 짓누르고 있는 것이다. 더욱 심각한 것은 통속화 작업은 일종의 비(非)커뮤니케이션(non-communication)을 생산한다는 것이다. 그러나 이러한 과정이 결코 숙명적인 것은 아니다. 몇몇 물리학자들은 과학언어의 통속화에 대항하여 스스로 과학언어의 대중화(popularisation)라 명명한 작업의 원칙을 규정하려 애쓰고 있다. 대중화는 전문 언어의 본성에 부응하면서도 비(非)과학자들도 이해할 수 있는 방식의 전달을 추구한다. 통속화에는 결여되어 있는 심도 깊은 성찰을 요구하는 작업이 대중화인 것이다. 번

3) *Op. cit.*

역의 경우도 마찬가지다. 원문을 대중화하는 것과 통속화하는 것은 다르다. 작품이 가지고 있는 낯섦에 손을 대어 읽기 쉽게 만드는 것은 결국 그 작품의 모습을 일그러뜨릴 뿐이며, 따라서 섬기려던 대중을 결국 속이게 된다. 그보다는 오히려 과학의 경우와 마찬가지로 낯섦에 대한 교육이 필요하다.

번역의 지향은 (커뮤니케이션에 대한 애착 때문에라도) 단순한 커뮤니케이션일 수 없다는 점을 가장 예리하게 표현한 사람은 벤야민이다.

> "도대체 한 편의 시는 무엇을 '말하는' 것일까? 시는 무엇을 소통하려는가? 그 시를 이해하는 사람에게 소통하게 되는 것은 거의 없다. 시에서 본질적인 것은 소통도 진술도 아니다. 그럼에도 소통하고자 하는 번역은 단지 소통만을, 다시 말해 비본질적인 것만을 전달할 뿐이다. 그렇지 않아도 바로 그것이 나쁜 번역을 알아보게 하는 하나의 표지들 중의 하나이다. … 또한 여기서 사람들은 나쁜 번역의 두 번째 특징을 알아보게 되는데, … 즉 비본질적인 내용의 부정확한 전달이 그것이다. 번역이 독자를 받들고자 하는 한 이런 일이 일어날 수밖에 없다."[4]

커뮤니케이션에 대한 이러한 비판은 작품, 번역, 비평에 대한 벤야민의 성찰 전반에 걸쳐 재확인할 수 있다. 지금은 이를 성찰할 상황은 아니나, 벤야민의 비판은 자명한 것으로 받아들여졌던

---

4) "La Tâche du taductdeur", in *Mythe et Violence*, *op. cit.*, pp.261-262, trad. M. de Gandillac(필자가 수정, 보완한 번역임).
[역주] 최성만이 옮긴 『번역자의 과제 외』(도서출판 길, 2008)를 토대로, 베르만이 수정한 프랑스어판을 참조하여 번역하였다.

번역의 목적에 대한 상투적인 확신을 아래의 단순한 질문을 통하여 단숨에 날려버린다.

> "번역은 원문을 이해하지 못하는 독자들을 위한 것인가?"[5)]

윤리적 차원

그렇다면 번역의 '궁극적' 지향은 무엇인가? 문화 간 커뮤니케이션이기도 한 번역에 의미를 부여하는 지향, 더 나아가 이러한 커뮤니케이션을 **근거 짓는** 지향은 무엇인가?

이러한 더 심오한 지향은, 우리가 앞서 언급한 것과 같이 삼중적 차원을 가진다. 다시 말해 이런 번역의 지향은, 윤리적이며, 시(학)적이며, 어떻게 보면, '철학적'이다. 그것이 철학적인 이유는, (횔덜린 편에서 보게 되겠지만) 번역 안에는 **진리**와 모종의 관계가 존재하기 때문이다.

우선 우리가 **윤리적 지향**이라 부르는 것에 집중해보자. 번역에 대해 사람들은 늘 **충실성**과 **정확성**을 이야기해왔다. 이 두 단어는 번역의 체험을 규정짓는 두 개의 근본어(Grundwörter)이다.[6)] 이 두 단어는 상당한 역사적 무게를 가지고 있는데, 위대한 두 시

---

5) *Ibid.* 벤야민에게서 이 결정적 질문은 번역가의 '과제'에 대한 형이상학적-하이퍼 플라톤적-정의의 길을 열게 된다.

6) 개별 언어에서 번역 행위, 번역의 형식, 요구 등을 규정하는 데 사용되는 모든 핵심 용어들을 연구해볼 필요가 있다. 우선 번역 자체를 지칭하는 단어들, 즉 traduction, translation, Übersetzung 등부터 시작해볼 수 있겠다.

인이 이 두 단어를 각기 시의 탁월한 덕목으로 삼았음을 고려할 때 특히 그렇다. 즉 횔덜린은 충실성을, 릴케는 정확성(Genauigkeit)을 그 덕목으로 삼았다. 충실성과 정확성은 모두 인간이 자기 자신 앞에, 타자 앞에, 세계 앞에, 그리고 존재 앞에 가지는 일종의 자세를 가리킨다. 그리고 물론 텍스트 앞에서의 태도이기도 하다. 번역가는 자신의 영역 안에서 충실성 및 정확성의 정신에 사로잡혀 있다. 이는 번역가로서의 열정이며, 문학적 열정도 미학적 열정도 아닌 윤리적 열정이다. 루터는 『번역의 기술 및 성인들의 중개에 관한 전서(*L'Art de traduire et l'Intercession des saints*)』에서 루터 특유의 격한 어조로 번역 행위의 이러한 윤리성을 표현한 바 있다.

> "아! 번역한다는 것은 몰지각한 일부 성인들이 생각하는 것처럼 아무나 할 수 있는 것이 아니다. 진정, 경건하고, 충실하고, 열정적이고, 신중하고, 기독교적이고, 박식하고, 성실하고, 능숙한 마음이 있어야만 번역할 수 있다. 그래서 거짓 기독교인이나 분파적 정신의 소유자들이 충실한 번역을 할 수 있을 것이라고 생각하지 않는다."[7)]

윤리적 행위란 타자(Autre)를 타자로서 인정하고 받아들이는 것을 말한다. 물론 나는 여기서 『전체성과 무한(*Totalité et Infini*)』에 나오는 레비나스의 성찰을 염두에 두고 있다. 그리스 및 헤브라이즘의 지혜 속에 암묵적으로 담겨 있는 이러한 윤리적 행위의

7) Luther, *Œuvres*, tome VI, trad. Jean Bosc, Labor et Fides, Genève, 1965, p.198.

본질은, 인간은 낯선 것(Étranger)의 형상(예를 들어, 고통 받는 자) 속에서 신 혹은 신성한 것을 만나게 된다는 것이다. 타자, 낯선 것을 밀어내거나 지배하려고 하지 않고 받아들이는 것이 하나의 명령은 아니다. 그것을 강제하는 것은 아무것도 없다. 『일리아스』에서 아킬레스는 탄원하는 프리암을 밀쳐낼 수도 있으며, 또 모든 것이 아킬레스로 하여금 그렇게 행동하게 만든다. 그러나 아킬레스는 또한 그의 탄원을 들어볼 수도 있으며, 이를 통해 그의 서사적 무훈들을 초월하는 어떤 공간으로 고양될 수 있다.

물론 이러한 윤리적 선택이야말로 가장 어려운 것이다. 하지만 (인류학적 의미에서의) 문화는 적어도 부분적으로라도 이러한 선택에 의해 지배될 때만이 (괴테 같은 사람이 말하는 인문주의적 의미에서의) 문화, 즉 빌둥[8)]이 된다. 한 문화는 (로마의 경우에서 보듯이) 이국의 작품들과 대화적 관계를 맺지 않고도 이 작품들을 전유(專有)할 수 있다. 그러나 이러한 경우, 그 문화가 아무리 '문명화(civilisé)'되어 있다 하더라도, 그 문화에는 한 문화를 빌둥이게끔 만드는 어떤 것이 결여되어 있다. 프리드리히 슐레겔은 아랍인들과 관련하여 이를 한 번 언급하였다.

> "이들은 번역이 끝나고 나면 원본을 폐기하거나 버렸는데, 이것이 그들의 철학정신을 드러낸다. 이들은 훨씬 교양을 쌓았을지는 몰라도 그들의 문화는 중세 유럽의 것보다도 훨씬 야만적인 것이었다."[9)]

---

8) Cf. 필자가 쓴 "Bildung et Bildungsroman", in *Le Temps de la Réflexion*, Gallimard, Paris, 1983.

슐레겔의 아랍 문명에 대한 판단이 근거가 있는지 여부와 무관하게, 위의 글에서 우리는 전유(專有)적, 비대화적, 비윤리적 관계의 전형을 본다.

그런데, 번역은 그 충실성에 대한 지향으로 말미암아 본래적으로 윤리적 차원에 속한다. 번역은 그 본질 자체 속에 자신의 고유한 언어 공간에 낯선 것을 낯선 것 자체로 열어내려는 욕망에 의해 추동된다. 그렇다고 이러한 일이 역사적으로 종종 이루어졌다는 의미는 아니다. 오히려 반대로 번역의 윤리적 소명은 서양을 특징짓는 전유적, 병합주의적 지향에 의해 거의 늘 억눌려왔다. 번역에서는 '동일자의 논리'[10]가 항상 우세하였다. 그러나 번역 행위는 또 다른 논리, 즉 윤리의 논리에 속한다. 바로 그러한 이유로 우리는 한 음유시인의 아름다운 표현을 빌려, 번역이라는 것은 본질적으로 '먼 것의 거처'라고 말하는 것이다.

방금 나는 낯선 것을 그 자체로 자신의 고유한 언어 공간에 열어낸다고 말하였다. 열어낸다는 것은 커뮤니케이션하는 것 이상이다. 그것은 밝히고 드러내는 것이다. 번역이 '커뮤니케이션의 커뮤니케이션'이라고 말한 바 있다. 그러나 번역은 그 이상이다.

---

9) Ph. Lacoue-Labarthe et J. L. Nancy, *L'Absolu littéraire*, Le Seuil, coll. "Poetique", Paris, 1978, p.131.

10) [역주] 우리나라에도 번역, 소개된 프랑스 철학자 뱅상 데콩브(Vincent Descombes)의 저서 『동일자와 타자: 현대 프랑스 철학(1933-1978)』(박성창 옮김, 인간사랑, 1993)에 등장하는 개념으로 동일자, 보편자 등을 강조해온 종래 서양 형이상학을 특징짓는 존재론적 범주를 지칭하는 용어이다. 원저는 *Le même et l'autre. Quarante-cinqans de philosophie française*(1933-1978), Editions de Minuit, 1979.

번역은, (이 책에서 다루고 있는) 작품 번역의 영역에서는, 드러냄의 드러냄(manifestation d'une manifestation)이다. 왜 그런가? 그 이유는 드러냄이라는 말을 통해서만이 작품을 정의할 수 있기 때문이다. 작품을 통해 그 전체 안에서 매번 다른 방식으로 드러나는 것은 바로 작품의 '세계'이다. 모든 커뮤니케이션은 뭔가 부분적이고 지엽적인 것을 대상으로 한다. 반면 작품이라는 [세계의] 드러냄은 전체를 대상으로 한다. 게다가 드러냄이란 원전의 드러냄인데, 이때 원전 텍스트는 기타 언어 간적(translinguistiques) 파생물들에 대한 최초 텍스트일 뿐 아니라, 자신의 고유 언어 공간에서도 최초 텍스트인 것이다. 모든 작품이 문학 '폴리시스템'[11] 안에서 이전 작품들과 연결되어 있다는 사실과는 별개로, 모든 작품은 전적으로 새로운 것, 온전한 출현으로, 발레리 라르보는 이를 '군주의 소관'[12]이라 칭하였다. 번역의 윤리적, 시(학)

11) [역주] 폴리시스템(Polysystem)은 러시아 문학이론가들이 제안한 개념으로, 텔아비브 출신의 번역학자 에벤-조하르(Even-Zohar)에 의해 번역 연구에 도입되었다. 국내 문학의 체계는 더 큰 사회문화적 체계를 형성하는 한 요소이며, 각각의 체계들은 지속적이고 역동적인 진화 과정을 일으키기 위해 상호 작용하는 이질적이고도 복합적인 계층 체계로 서로 상위 위치를 차지하기 위해 끊임없이 경쟁한다. 번역 문학이 주목을 끌지 못한 이유는 번역 문학이 문학 다중 체계 속에서 변방의 위치를 차지해왔기 때문이다(참조. 『라우트리지 번역학 백과사전』, 한신문화사, 1998, pp.274-277).

12) [역주] 본래 'fait du prince'는 정부가 자의적으로 행사하는 권한을 의미하는 법률 용어이다. 라르보는 이 세상의 문학작품들은 직간접적으로 다른 작품들로부터 빌려온 내용들로 가득 차 있으나, 이러한 소위 공통적 형태들(formes communes), 어디선가 들어본 듯한 형태들을 모두 제거하고 마지막에 남는 것이 시인이 개인적으로 생각해낸 것들, 고유하고 새

적, 철학적 지향은 이 새로움의 얼굴을 자신의 언어 안에서 보존하면서 드러내는 데 있다. 또한 괴테가 말한 것처럼, 작품 본래의 언어 공간 속에서 그 새로움의 효과가 소진되었을 때, 심지어 [번역을 통해] 또 다른 새로움을 제공하는 데 있다. 번역이라는 것이 드러냄에 대한 특정한 드러냄이라는 점을 우리는 횔덜린과 클로소프스키를 통해 확인하게 될 것이다.

윤리와 문자

그런데, 낯선 것이 낯섦의 구체적 기호들의 다원성 속에서 살적이고 촉지(觸知)적인 것과 마찬가지로, 작품 역시 개별 언어 차원에서는 살적이고 촉지적이며 살아 있는 실재이다. 작품을 수세기 동안 살아 있게 하고 생존 가능하게 하는 것이 바로 그 신체성(예를 들어, 작품의 도상성)이다. 나는 여기서 「번역가의 과제」에 등장하는 벤야민의 결정적 언급들에 주목해보고자 한다.

번역 행위가 가지는 윤리적 지향은 낯선 것을 그 살적 신체성 속에서 받아들이고자 하기 때문에 당연히 작품의 문자에 천착할 수밖에 없다. 그 지향의 형식이 충실성이라면, 어떤 영역에서든 충실성이라 함은 문자에 대한 충실성일 수밖에 없다고 말해야 할 것이다. 어떤 계약에 '충실'하다는 것은 계약 조항들에 충실하다는 것이지 계약의 '정신'에 충실하다는 것은 아니다. 어떤 텍스트

로운 것들이라고 설명하며 이를 'fait du prince'로 지칭한다(참조. Valery Larbaud, *Sous l'invocation de Saint Jérome*, Gallimard, 1946/1997, p.171).

의 '정신'에 충실하다는 것은 그 자체로서 모순이다.

16세기의 번역가인 샤를 퐁텐(Charles Fontaine)은 1955년, 오비디우스의 『사랑의 묘약』 제1권 서문에서 다음과 같이 말한다.

> "번역하고자 하는 사람이 지켜야 하는 세 가지가 있다. 첫째는 최대한 원저자의 용어들과 어법들을 전달해야 하는데 우리는 이를 외피(robbe)라 부른다.
>
> 두 번째로, 의미 전체를 온전하게 전달해야 한다(왜냐하면 단어들에 지나치게 호기심을 가져서 의미를 방치하거나 불명확하게 만들어서는 안 되기 때문이다). 우리는 이를 몸(corps)이라 부른다.
>
> 셋째, 자신이 번역하고자 하는 저자의 자연스러운 맵시, 덕목, 에너지, 부드러움, 우아함, 존엄성, 힘, 활력 등을 최대한 순수하게 전달하고 표현해야 하는데, 우리는 이를 글의 혼(魂, âme)이라 부른다."[13)]

이 오래된 텍스트에 사용된 비유들을 기억하고, 더 나아가 위 텍스트가 전달하는 낯선 작품의 살적 느낌에 주목해보자.

외피 – 몸 – 혼[14)]

퐁텐이 자신의 서문에 뒤이어, 자신이 '용어들'보다 '의미'와

---

13) Paul A. Horguelin, *Anthologie de la manière de traduire*, Linguiatech, Montreal, 1981, p.62.

14) Robbe 혹은 robe는 과일의 껍질이기도 하다. 벤야민은 원전에서 언어와 그 '내용'과의 관계가 과일 '껍질'과 과육과의 관계와 같다고 말한 바 있다.

'맵시'를 선호한다고 말함으로써 고전주의와 '아름다우나 부정한 여인들'을 예고하고 있다는 사실은 중요하지 않다. 왜냐하면 위 텍스트에서 사용된 세 개의 핵심어인, 외피—몸—혼을 이 단어들이 16세기에 가졌던 감각적 충만성을 감안하여 볼 경우, 이 단어들은 어떤 신체성, 즉 작품의 살아 있는 문자를 가리키는 것이기 때문이다.

충실성과 정확성은 텍스트의 살적 문자성을 대상으로 한다. 윤리적 지향으로서의 번역의 목적은 자신의 모국어 속에 이러한 문자성을 받아들이는 것이다. 왜냐하면 작품이 자신의 말하는 힘(Sprachlichkeit)을 펼쳐가고 세계의 드러남을 완성하는 것은 바로 이러한 문자성을 통해서이기 때문이다.

서구에서 번역의 윤리적 지향과 이러한 지향이 문자와 맺는 관계가 슐라이어마허, 괴테로 대표되는 독일 낭만주의 및 고전주의에서보다 더 잘 정의된 경우는 없었다.

슐라이어마허는 (당시로서는) 상당히 급진적 방식으로 자민족중심적이고 하이퍼텍스트적인 번역을 비판하였다.15)

그러나 여러 텍스트에 산재하여 드러나는 괴테의 직관들이야말로, 문자성으로서 그리고 드러남의 드러남으로서의 번역에 대한 성찰에 있어서 가장 풍부하고 가장 놀라운 자료이다. 괴테가 번역과 작품들, 언어들에 대해, 그리고 자신이 수행한 번역물에 대

15) "Des différentes méthodes du traduire", in *Les Tours de Babel*, éd. Trans-Europ-Repress, Mauvezin, 1985, 앙트완 베르만(Antoine Berman)의 번역으로 "Points-Essais(bilingue)" 총서 형태로 출간됨(*Des différentes méthodes du traduire et autre texte*, Le Seuil, Paris, novembre 1999).

해 쓴 글들을 하나로 모은 작품은 아직도 없다. 내가 아는 바로는 괴테의 글들이야말로 벤야민 이전에 번역에 관해 쓰인 서구의 글들 중 가장 심오한 것이다. 벤야민보다 훨씬 심층적으로, 괴테는 번역 행위의 얽히고설킨 다원적 공간을 전(全) 차원에서 조망하며 훑는다. 그의 체험의 핵심은 작품의 회생(Verjüngung)으로서의 (문자지향적) 번역이다. 물론 괴테는 이론가가 아니었으므로 윤리성, 문자론, 회생을 체계적으로 연결시키지는 않는다. 그 일은 괴테의 독자들인 우리가 하고 있는 일이고 또 해야만 할 일이다. (문자에 천착하는) 문자적 번역이야말로 번역의 윤리적 지향을 완성해내고, 더 심오하게는 작품의 회생의 순간을 완성해내는 것임을 우리는 이제 횔덜린을 통해서, 그리고 그와 동일한 계보에 위치한 사포(Sappho)의 근대적 번역을 통해서 좀 더 구체적으로 보게 될 것이다.

제 4 장
횔덜린 혹은 드러냄으로서의 번역

모든 '좋은' 번역은 과하기 마련이다.
자크 데리다

자신이 번역한 아이스킬로스의 『아가멤논』 서문에서 훔볼트는 원문의 특수성에 충실한 번역이 노정하는 몇 가지 한계를 언급한다. 번역된 텍스트는 '낯설어(fremdes)' 보일 수밖에 없지만, '기괴함(Fremdheit)'의 느낌을 주어서는 안 된다는 것이다. 19세기 초 독일에서 수행된 번역의 역작들은 한결같이 이러한 원칙을 따르고 있다. A. W. 슐레겔과 티크의 경우, 셰익스피어를 충실하게 옮기면서도, 루돌프 판비츠가 지적한 것처럼 셰익스피어 시구들이 가지고 있는 "위풍당당한 상스러움[1]까지 옮기지는" 않았다. 독일의 고전주의 및 낭만주의 번역은 셰익스피어의 작품에 담겨 있는 음란하고 배설적이고 피 튀기고 극단적인 것들을 포함한 일련의 폭력적 언어들이 보여주는 상스러움의 강도를 낮추려 애쓴다. 위대한 작품이 으레 품고 있는 고르곤[2]의 얼굴 앞에서 주춤

1) *Die Krisis der europaischen Kultur,* Nuremberg, 1947, p.192.
2) [역주] 그리스 신화에 나오는 세 자매 괴물. 머리카락이 뱀 모양이며 이를 본 사람을 돌로 변하게 한다.

거리며 뒷걸음질치는 것이다.

훔볼트와 동시대에 살았던 횔덜린이 훔볼트에 의해 설정된 이러한 한계를 어떻게 결정적으로 뒤흔들어놓았는지를 살펴보기 전에, 먼저 에디트 모라와 미셸 드기[3]에 의해 번역된 사포의 단편들을 읽어보려는 이유는, 이 글들이 횔덜린의 문제의식이 가지고 있는 복합적 면모를 드러내는 것으로 여겨지기 때문이다.

사포와 고상함

사포의 작품들은 상스러움이 아닌 그리스를 화두로 삼고 있다. 따라서 우리는 상스러움이 아닌 고상함의 영역에 들어오게 된다. 그러나 곧 확인하게 될 바와 같이 사포에게서 발견되는 '고상함'은 셰익스피어의 야만성이나 소포클레스의 폭력성만큼이나 번역해내기 어렵다. 여기서는 드기의 번역에서 일련 번호상 단편 27, 단편 140에 해당되는 부분 중 각 시의 마지막 두 행을 그리스어 원문 텍스트와 대조해보고자 한다.

단편 27 :

… εὔχαμπτον γὰρ αἔι τὸ θῆλυ
αἴ κε τις κούφως τόπαρον νοήτῃ
왜냐하면 여자란 언제나 잘 구부러지는 것

3) *Sappho*, trad. É. Mora. Flammarion, Paris, 1966, et Michel Deguy, *Actes*, Gallimard, coll. "Le Chemin", Paris, 1966.

만일 그녀가 가벼이 지금만을 생각한다면

모라의 번역 :

Ah combien souplement cède toujours la femme
Si elle ne songe, frivole, qu'au présent![4]
아 얼마나 손쉽게 여성은 늘 물러서는지
경박하게 현재만을 생각한다면!

드기의 번역 :

Flexible, en effet, toujours, le féminin
à chaque fois, légèement, pense le présent.[5]
나긋나긋한, 결국, 늘, 여성적인 것은
매번, 가벼이, 현재를 생각하네.

단편 140 :

γάλακτος λευχοτέρα
ὕδατος ἀπαλωτέρα
πηκτίδων ἐμμελεστέρα
ἵππου γαυροτέρα
ῥόδων ἁβροτέρα
ἱματίου ἑανού μαλακωτέρα

---

4) *Ibid.*, p.367.

5) In *Actes*, p.145.

χρυσοῦ τιμιωτέρα
우유보다 더 희고
물보다 더 유연하고
하프보다 더 조화롭고
말보다 더 도도하고
장미보다 더 미묘하며
포근한 외투보다 더 부드러우며
황금보다 더 소중한

모라의 번역 :

plus blanche que le lait
plus souple que l'eau
plus harmonieuse que les harpes
plus fiere qu'une cavale
plus delicate que les roses
plus douce qu'un moelleux manteau
plus precieuse que l'or[6)]
우유보다 흰
물보다 유연한
하프보다 조화로운
암말보다 당당한
장미보다 섬세한
폭신한 외투보다 부드러운
황금보다 값진

6) *Op. cit.*, p.369.

드기의 번역 :

Que lait?	plus blanche
Que source?	plus delicate
Que lyres?	plus accordée
Que cheval?	plus fière
Que roses?	plus tendre
Que robe riche?	plus profonde
Que l'or?	plus précieuse.[7]
우유?	더 흰
샘물?	더 섬세한
칠현금?	더 잘 조율된
말?	더 당당한
장미?	더 부드러운
화려한 드레스?	더 심오한
황금?	더 값진

모라의 번역은 전체적으로 정확하고 잘 가다듬어져 있다. 사포의 텍스트를 모두 모라의 번역으로 읽으면, '예쁘고' '신선하고' '여성스러운' 사포를 만나게 된다. 그러나 시적 차원에서 사포의 시에는 지극히 상투적인 것만 들어 있는 것처럼 느껴진다. 첫 번째 단편 27의 마지막 행들을 모라의 번역을 통해 살펴보자.

아 얼마나 손쉽게 여성은 늘 물러서는지
경박하게 현재만을 생각한다면!

7) In *Actes*, *op. cit.*, p.149.

그야말로 여성과 관련하여 이미 수천 번 쓰인 지극히 진부한 내용이다. 두 번째 단편 140의 경우도 사포가 사용한 비유들은 여전히 진부하다. 결국 둘 중의 하나이다. 사포의 시가 고작 그 정도일 뿐이거나, 혹은 당대에는 신선했던 이 이미지들이 오랫동안 회자된 나머지 그 위력을 잃고 만 것이거나. 어쨌든 모라의 번역이야말로 수많은 고전 번역의 경우가 그렇듯, 실망스러운 번역이다.

이제 첫 번째 단편을 중심으로 드기의 번역을 살펴보자. 직역에 가까운 드기의 번역은 모라의 번역과는 극히 다른 것을 '언표'하는 텍스트임을 대번에 알 수 있다. 이 시에서 사포는 트로이의 헬레나를 염두에 두고 여성적인 것이 현재와 맺는 관계를 말하고 있다. 그리스어 τὸ θῆλυ 은 '여성(la femme)'이 아니라 '여성적인 것'이라는 의미의 그리스어 형용사 중성형이다. 사포는 여성이 현재만을 생각한다고 말하는 것이 아니라 여성적인 것(le Feminin)이 현존(Présence)이나 부재(Absence)와 맺는 관계의 본질에 대해 이야기하고 있는 것이다. 헬레나가 눈앞의 순간만 생각한 것은, 비록 '경박한 방식'으로일지언정 현존하는 것(Présent) 속에 살고 있기 때문이다. 이것이 바로 사포가 시학적으로 말하고 있는 바이며, 하이데거 이후로 밝혀졌듯, 그리스의 사유와 시의 핵심은 현존으로서의 존재에 대한 체험이다. 모라의 번역이 이러한 본질적 관계를 은폐하는 반면, 좀 더 직역에 가까운 드기의 번역은 그러한 관계를 우리에게 드러내준다.

이제 두 번째 단편을 살펴보자. 여기서 드기의 번역은 모라의 번역과 다를 뿐만 아니라, 심지어 원문과도 몇 가지 측면에서 다르다.

드기는 분명 비교급이 뒤에 나오는 그리스어 어순을 재현하고 있다. 다시 말해 '황금보다 값진'이 아니라 '황금? 더 값진'으로 번역한다. 그런데 드기는 '황금' 다음에 사포에게는 없는 물음표를 추가하였다. 더욱이 드기는 여백을 통하여 일련의 '질문'들과 '답변'들을 시각적으로도 분리시켜놓았다. 그 결과 이 시는 어떻게 보면 세로로도 가로로도 읽힐 수 있으며, 피(被)비교항과 비교항이 더 명확하게 드러난다. 모라의 번역에서보다 모든 것이 더 쉽게 감지된다. 모라는 모든 비교항들을 번역하였으나, 그 비교가 가지는 직접성(immédiateté)과 신선함은 번역하지 않았다. 번역가 모라는 이 시의 비교들이 가진 2천 년이라는 시간의 무게를 고려하지 않은 듯하다. 모라는 정녕 아침의 말을 저녁의 말로 어떻게 담아낼지를 자문해보지 않았던 것인가?

드기의 번역에서 드러나는 또 다른 변화는 바로 명사와 형용사가 '시어(詩語)' 층위에서 '일상적 구체성'의 층위로 이동하였다는 점이다.

harpe(하프)가	lyre(칠현금)이 되고
harmonieux(조화로운)이	accordée(조율된)가 되고
cavale(암말)이	cheval(말)이 되고
moelleux manteaux(폭신한 외투)가	robe riche(화려한 드레스)가 되었다.

어휘 측면에서 보면 번역은 시를 진부하게 만드는 시적 요소들

을 배제하는 방식으로 이루어졌다. 물론 ἐμμελής는 '조화로운' 이라는 뜻도 있지만 일차적 의미는 '조율된'이다.

정리해보자면, 번역자는 그리스어의 어순대로 문자적 번역을 수행하고, 원문의 단어들이 가진 일차적 의미들을 극도로 단순한 단어들로 담아내는 방식으로 원문 텍스트에 개입하여 원문의 진면모를 부각시킴으로써 시적 요소와 진부성을 제거하였다.

황금? 더 값진

를 통하여 '황금'과 '값진'이 부각된다.

칠현금보다 더 잘 조율된

으로 옮겨졌을 때에는 큰 효과가 없어 보이나 이를

칠현금? 더 잘 조율된

으로 옮기면, '칠현금(lyre)'이라는 식상한 단어가 더 구체적으로 다가온다. 더욱 중요한 것은 의문문을 통한 부각의 방식이 번역의 자의적인 선택이 아니라는 점이다. 단편 117번에서 확인할 수 있는 것처럼 의문문과 비유를 연결시키는 것이야말로 바로 사포다운 연결 방식이기 때문이다.

A quoi puis-je te comparer, cher fiancé?

Je te comparerai le mieux à un rameau flexible[8)]
너를 무엇에 비길 수 있으랴, 약혼자여?
나는 너를 잘 휘어지는 잔가지에 비길 수 있으리.

이것이야말로 질문과 비유 간에 맺어진 태고적 관계이다. 아일랜드 켈트족의 시들을 떠올려보라. 번역자는 이러한 부각의 방식을 통하여 원문에 잠재적으로 존재하는 요소를 강조하고 있다.

그 결과 우리는 제 목소리를 생생하게 내는 시를 마주하게 된다. 신기한 것은 이렇듯 타언어의 공격을 받은 우리의 언어가, 모라의 번역 속에서 늙고 낡아빠져 보이는 우리의 언어가, 드기의 번역에서는 더욱 젊어진 것처럼 느껴진다는 것이다. 그리스어가 스며든 우리 언어는 스스로의 차폐막으로부터 끌려나와 더 순수해진다. 여기서 분명 '낯선 것'과 '기이함' 사이의 경계는 은연중에 허물어져버렸다. 번역하는 언어뿐 아니라 원문을 대상으로 이중의 폭력이 행사되었다. 어떻게 보면, 사포의 텍스트보다 더 '탈자국적인(dépaysant)' 번역이 만들어졌으나, 이러한 탈자국화는 이미 사포 안에 숨겨져 있었던 것이다. 드기의 번역은 원작품의 근원으로 거슬러 올라갔다고 볼 수 있다. 알랭이 다음과 같은 결론에 이르렀음을 기억하자.

"영어보다 영어답고, 그리스어보다 그리스어답고 라틴어보다 더 라틴어답다. 원석을 다듬어내는 것과 같은 이러한 방법을 셸리에게 적용하니 … 아직 덜 다듬어진, 완성 전의 말라르메가 나왔다."[9)]

8) In *Actes*, *ibid.*, p.149.

영어로 쓰인 셸리보다 더 영어다운, 그리스어로 쓰인 사포보다 더 그리스어다운 번역. 자신의 모국어로부터 떼어져 나와 번역어와 결합한 사포의 작품은 빛을 발한다. 서로 다른 언어가 만나서 발산하는 갑절의 빛 속에서 사포는 새로이 빛난다. 그러나 동시에 번역어인 프랑스어 역시 '프랑스어보다 더 프랑스어답게' 되고 젊음을 되찾게 되는 것이다. 그리고 서로 다른 두 언어가 결합하면서도 각각의 언어가 가진 온전한 다름이 드러나는 것을 막지 않는다. 다름을 간직한 결합 속에서 작품은 스스로를 드러내어 우리에게 새로이 열린다. 기존의 전형적 번역들이 사포를 수천 년 이전의 시간으로 되돌려 보내고 우리에게 원작품을 나쁜 의미에서 낯설게 만들었던 바로 그 대목에서 사포는 우리의 동시대인이 된다. 다름을 간직하는 혼혈로서의 번역이 주는 낯섦은 시간과 공간이 주는 나쁜 낯섦을 일소시킨다.

이는 폭력 없이 이루어지지 않는다.

그리고 이러한 번역의 폭력을 처음 행사한 사람이 바로 횔덜린이다.

횔덜린: 소포클레스의 『안티고네』와 『오이디푸스 왕』

여기서는 횔덜린이 수행한 번역 전체를 고찰하기보다는 횔덜린이 정신착란에 사로잡히기 전에 출간한 소포클레스 작품의 번역만을 검토해보고자 한다. 이미 잘 알려져 있는 바와 같이 1804년

9) In *Propos de littérature*, *op. cit.*, pp.56-57.

횔덜린은 자신이 번역한 두 편의 비극에 길고 난해한 서론을 덧붙여 영세한 출판사에서 출판하게 된다. 횔덜린의 시도는 실패하기 위한 조건을 모두 갖추고 있었다. 번역문에는 수많은 오탈자가 있었고 횔덜린의 그리스어에 대한 (문헌학적) 지식은 불충분하였고, 횔덜린이 사용한 원문 텍스트는 진본이 아니었을 뿐 아니라, 그의 번역은 매우 독특하였다. 횔덜린의 번역은 거의 만장일치로 퇴짜를 맞았다. 그의 번역이 독일의 전통에서뿐 아니라 서구사에 있어서 핵심적 번역 중 하나로 인정받게 된 것은 20세기에 이르러서였다.

문제의 본질을 이해하려면 우선 횔덜린이 번역을 발표한 당대의 독일이 지극히 위대한 번역들의 시대였다는 점, 그리고 번역이라는 행위가 문화, 즉 빌둥의 형성에 있어서 근원적 계기 중 하나로 인식되던 때였음을 기억해야 한다. 낭만주의와 고전주의 시대의 독일은 낯선 것을 통하지 않고서는 어떤 '민족' 문화도 형성될 수 없다는 절대적 공리를 상정하고 있었으며, 고유한 것에서 낯선 것으로, 낯선 것에서 다시 고유한 것으로의 순환운동 속에서 번역이 탁월한 역할을 하는 것으로 간주하였다.

더욱이, 헤르더, 보스, 괴테, 훔볼트, 슐레겔, 슐라이어마허 등이 구축한 번역철학은 '아름다우나 부정한 여인들'로 대변되는 프랑스의 전통에 노골적으로 반대하고 있었다. 독일에서 이러한 프랑스 전통의 대변자는 빌란트(Wieland)였는데, 빌란트는 프랑스의 볼테르가 그랬던 것처럼 셰익스피어의 원문을 손질하여 스스로를 '매개자이자 윤문자'로 칭하였다. 그러나 독일의 번역철학 전통에서는, 원전의 모든 '특이함'을 가능한 한 충실하게 되살리는 것을 중시했으며, 이러한 요구의 이면에는 다음의 두 가지 근거가 있었다. 첫째는 작품과 작품의 언어를 신성시하는 것이었고, 둘째는 앞서 언급된 법칙에 해당되는 것으로 번역이 낯선 것에 대한 단순한 동화나 병합이 아니어야만, 번역을 통하여 우리를 형성시키는 낯선 것이 들어올 수 있다는 것이었다. 낯선 것이 들어옴에 있어 유일한 한계선은 훔볼트가 설정해놓은 한계뿐이다.

그런데 횔덜린은 이러한 철학을 속속들이 뒤집어놓는다. 소포클레스 작품을 극도로 문자적으로 번역함으로써, 그러면서도 당대인들의 눈에는 자의적으로 보일 수밖에 없는 방식으로 과감히 변형시킴으로써, 고전주의 및 낭만주의 번역의 한계선을 뒤흔든다. 뵐렌도르프에게 보낸 유명한 서한에서 증명되는 바와 같이, 빌둥이라는 운동 전체, 낯선 것을 통하여 '고유한 것'에 이르는 과정 전체에 대해 이의를 제기한 것이다.

"자국적인 것을 자유자재로 사용하는 것이야말로 가장 배우기 어려운 것이다. 그리고 나는 믿건대, 그리스인들에게 하늘의 불이 천부적인 것처럼 우리가 태생적으로 가지고 있는 것이 바로 명확하게 제시하는 능력이다. 그런데 바로 그러한 이유로 우리는 그리스인들의 정념의 불꽃은 넘어설 수 있어도, 그리스인이 영웅적 기지를 발휘하여 낯선 것을 명확히 제시할 때에는 그들을 능가하기 어렵다. … [한편] 그리스인들에게 성스러운 파토스는 이미 내재되어 있는 것이기에, 여기서는 두각을 나타내지 못한다. 반면 낯선 요소를 자기화하여 제시하는 데에는 … 탁월함을 발휘하게 된다. 우리의 경우는 정반대이다. … 그러나 낯선 것뿐 아니라 우리가 고유하게 가지고 있는 것이 무엇인지도 배워야 한다. 그렇기 때문에 그리스인들이 우리에게 절대적으로 필요한 것이다. 그러나 우리가 고유하게 가진 것, 자국적인 것에서 그리스인들의 경지에 이를 수는 없다. 왜냐하면 반복하건대, 자신이 고유하게 가진 것을 자유자재로 사용하는 것이야말로 가장 어려운 것이기 때문이다."[10]

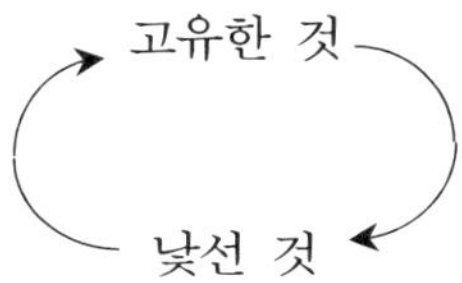

위의 그림에서 드러나는 빌둥의 이러한 순환적 운동에 맞서 횔덜린은 낯선 것이 주는 시련과 자기 고유의 것에 대한 배움이라는 두 개의 동시적 운동을 대비시키는데 각각의 운동은 다른 하나의 운동의 과도한 부분을 바로잡게 된다. 이 새로운 법칙은 빌둥에 내재한 변증법적 리듬을 파괴함으로써, 번역의 인문주의적 기능까지도 파열시킨다. 사실 비극에 대한 횔덜린의 사변적 이론, 그리고 그리스 예술과 '히스페릭(서방)' 예술 간의 적대적 관계에 대한 횔덜린의 성찰이 없었다면, 그의 번역 작업은 생각하기도 어려운 것이었다.

횔덜린이라는 시인에게 있어서 그리스 예술은 '하늘의 불', '독특한 것에 대한 열광'이라는 본원적 요소를 가지고 있다. 이러한 요소를 제어하기 위해 그리스 예술은 오히려 그 반대편인 '명확

10) 1801년 12월 4일 서신, trad. F. Fédier, in Hölderlin, *Remarques sur Œdipe, remarques sur* Antigone, 이 책의 서문 "Hölderlin et Sophocle" de J. Beaufret, UGE, coll. "10/18", Paris, 1965, pp.97-98.

하게 제시하는 능력'과 '주노로 대표되는 서쪽 지역의 절제', 즉 로고스의 합리성을 익힌 것이다. 그러나 이 과정에서 그리스 예술은 스스로의 근원을 부정하기에 이르렀다.

한편 서방 예술은 정반대의 과정을 겪게 된다. 왜냐하면 서방 예술의 일차적 요소는 명확하게 제시하는 능력이었으므로 서방 예술에 있어서 가장 낯선 차원인 '하늘의 불'을 획득해야만 했다.

결국 그리스 예술과 서방 예술은 각각 스스로에게 가장 이질적인 부문에서 두각을 드러내게 된 것이다.

횔덜린의 소포클레스 번역은 두 가지 원칙에 의해 진행된다. 한편으로는 그리스어 원작품에서 '부정'되었던 하늘의 불을 끌어내고, 다른 한편으로 이 작품을 필요한 대목에서 실제보다 더 '소박하게' 만듦으로서 우리에게 더 다가오게 만드는 것이다. 그리고 신들의 이름이 번역되는 과정에서는 이 두 원칙이 서로 만나게 됨을 확인할 수 있다.

횔덜린은 1803년 9월 편집자에 보낸 편지에서 자신의 번역이 가지는 이 이중의 위상에 대해 다음과 같이 설명하였다.

> "그리스 예술은 그리스인들의 천성에 맞추어져 있으며 그 자신의 결함에 스스로 익숙해져 있기에 우리에게 더욱 낯설게 느껴집니다. 나는 그리스 예술이 부정했던 동양적 요소를 더욱 부각시키고 그리스 예술의 예술적 결함을 고쳐서 훨씬 더 생생하게 보여주고자 합니다."[11]

11) *Ibid.* [이 텍스트는 J. Beaufret, p.35와 F. Fédier, p.111에 의해 번역된 것을 필자가 수정한 것이다.]

그로부터 몇 달 후, 그는 편집자에게 다시 편지를 쓴다.

"나는 시종일관 독특함에 대한 그리스의 열광에 반(反)하여 썼고, 그리하여 그리스적 절제에 이르게 되었습니다."[12)]

장 보프레(Jean Beaufret)는 이 문제를 훌륭하게 요약하였다.

"번역을 동양화한다는 것은 그리스 비극이 가지고 있는 견줄 데 없는 소박한 측면을 보존시키는 방법만으로 낯설게(dépayser) 만드는 것이다. 따라서 그리스 비극을 대상으로 횔덜린이 '고친 부분들'은 이중의 의미를 지니며, 따라서 우리는 횔덜린의 번역에서 발견되는 '(원문과의) 편차'들을 이러한 복합적 관점에서 바라보아야 한다. 횔덜린이 (원문의) 배신자로 행동했을지언정, 근대시인 횔덜린이 원문을 배신한 방식은 사뭇 경건했기 때문이다."[13)]

여기서 주목해야 할 것은, 횔덜린이 원작품을 바라볼 때, 그것을 재현해내야 할 하나의 응고된, 정적인, 부동의 실재, 혹은 (고전주의의 경우에서처럼) 하이퍼텍스트적인 방식으로 변형하고 미화시켜야 할 단순한 기층 텍스트로 바라보지 않는다는 점이다. 오히려 원작은 근원적인 두 개의 차원들이 투쟁을 벌이는 장소이며, 원작의 생애에 번역이 개입하는 순간 이 투쟁이 다시 활성화되는 계기가 마련된다. 단, 번역하기라는 행위는 원문이 은폐하였던 요소나 원칙을 오히려 부각시켜 투쟁은 기존과 반대의 방향으

12) *Ibid.*, trad. J. Beaufret, p.35.

13) *Ibid.*, J. Beaufret, in "Hölderlin et Sophocle", p.35.

로 이루어진다. 이를 도식화하면 다음과 같다.

소포클레스 : 하늘의 불 ————→ 절제
횔덜린 : 소박함 ————→ 하늘의 불

원전 속에 은폐되어 있던 것을 보여준다는 점에서 이러한 부각은 일종의 드러냄(manifestation)이다. 그리고 이러한 드러냄은 원전의 몇몇 특징을 변형시켜야만 가능하다는 점에서 일종의 폭력이다. 어떤 경우에는 원전을 우리의 '재현 방식'에 근접하도록 데려오기 위해 원전을 침해하고, 다른 한편으로 우리가 그러한 재현 방식에 다가가도록 하기 위해 원전을 침해하여 그리스어가 독일어로 침투하게 하고 호프만스탈이 독일어의 그리스어화(das Grieschisches der deutschen Sprache)라고 명명한 것을 생산하는 '직역'을 하게 된다는 점에서 이는 양 방향의 폭력이다. 더욱이 이러한 '직역'은 두 가지 방향으로 진행된다. 그리스어 단어들이 가진 일차적 의미들을 찾아내는 것뿐 아니라, 이 단어들이 우리에게 다가오게 하기 위해 독일어 단어의 근원적 의미들로까지 거슬러 올라가, 루터의 '오래된 언어', 슈바벤의 방언들을 사용하여, 그리스어가 가진 말하는 힘을 독일어의 말하는 힘을 통하여 전하고자 하는 것이다.

그리스 비극의 구조와 관련하여 횔덜린은 자신이 사변적 텍스트에서 작품의 근본 어조(Grundton)라 부른 것을 번역을 통하여 드러내고자 한다.

만프레드 케르코프(Manfred Kerkhoff)에 의하면 횔덜린의 생각은 다음과 같다.

"'예술적 특성'이나 '은유적 어조'라 불리기도 하는, 텍스트에 '드러난' 것과, 텍스트 속에 숨겨져 있지만 '의미된 것(Bedeutung)', 다시 말해 스스로를 직접 드러내지는 않으면서도 텍스트 전체를 규정하는 근본 어조(Grundton) 사이에는 일종의 긴장(τόνος)이 존재한다. 이러한 '은폐를 통한 드러남'의 과정에서 발생하는 극적 갈등은 조화로움의 표현(Ausdruck)일 뿐이며, 중심 어조(Haupttone)와 부차 어조(Nebentone)가 운율적으로 엮이면서 역으로 드러나는 작품의 기조는 번역에서도 드러나야 한다."[14)]

이러한 원칙에 입각하여 일련의 구체적 작업들이 도출된다.

-- 직역, 어원(語源)중심적 번역
-- 고(古)독일어, 슈바벤 방언, 경건주의적 언어를 사용하는 번역
-- 원전의 강도 높이기
-- 소포클레스의 원작에 변형을 가하는 번역

일견 상이해 보이는 위의 작업들은 결국 동일한 방향을 가리키고 있다. 다시 말해 직역을 선택하고 방언을 사용하고 원전을 강화시키고 변모시키는 작업은 결국 원작의 근본 어조를 도출해내기 위한 체계적이고 일관된, 하나의 전체를 이루는 작업인 것이다. 횔덜린의 번역은 미완의 작업이었으며, 종종 지나침이 있었을

---

14) Manfred Kerkhoff, *Timeliness and Translation*(1984년 6월 토론토 빅토리아 대학(Victoria College University)에서 열린 번역 기호학에 대한 학술대회의 발표문). [in *Texte* 4, Trinity College, Toronto, 1985]

지언정, 그의 논리는 엄격하였다. 이제 몇 가지 예들을 통하여 횔덜린이 소포클레스를 어떻게 번역하는지 살펴보자.

직역, 어원중심적 번역

소포클레스의 희곡 시작 부분에서 이스메네[15]는 안티고네를 다음과 같이 불러 세운다(21절).

Tί δ' ἔστι; δηλοις γὰρ τι καλχαίνουσ' ἔπος

마종과 그로장은 각각 이렇게 번역한다.

(1) De quoi s'agit-il donc? Queque propos te *tourmente*, c'est clair. (v. 20)
도대체 무슨 일이에요? 어떤 말이 언니를 괴롭히고 있음이 분명해요.

(2) Qu'y a-t-il? quelque histoire *t'assombrit*, je le vois.
무슨 일이에요? 어떤 이야기가 언니를 어둡게 만들고 있어요, 내가 보기에.[16]

그런데 횔덜린은 동사 καλχαίνω을 파생적 의미인 '어둡다,

15) [역주] 안티고네의 여동생.

16) [역주] 동일한 문장은 한국어로 다음과 같이 번역되어 있다. "무슨 말이죠? 분명 뭔가 궁리하고 있는 것처럼 들려요."(『소포클레스 비극전집』, 천병희 옮김, 도서출판 숲, 2002, p.95)

괴롭다'로 번역하는 대신, '자줏빛 생각을 곱씹고 있다'로 번역하기로 선택한다. 이 구절을 횔덜린은 독일어로 이렇게 옮긴다.

> Was ist's, du scheinst ein rotes Wort zu färben?

문자적으로 옮기면 다음과 같다.

> 무슨 일이에요? 언니가 붉은 빛 말에 물드는 것 같아요.

라쿠-라바르트(Lacoue-Labarthe)는 횔덜린의 번역을 다음과 같이 미묘하게 (프랑스어로) 번역한다.

> 무슨 일이에요? 자줏빛 생각을 곱씹고 있는 것 같아요.[17)]

그로장은 더 고전적인 직역성(ἔπος : 이야기, καλχαίνω : 어둡게 하다)에 머물러 있었고, 마종은 '괴롭히다'라는 번역을 선택함으로써, '어둡게 하다'와 '자주색 낯빛을 가지다' 사이에 그나마 남아 있던 연결고리를 완전히 끊어버린 반면, 좀 더 상위의 직역성을 택한 횔덜린이 동일한 대목을 어떻게 번역했는지를 비교

17) 여기 인용되는 모든 문헌들의 출전은 다음과 같다: 마종 번역본은 Belles Lettres 판(*Tragédies*, Belles Lettres, Paris, 1964)이며, 그로장의 번역본은 La Pléiade 판(*Tragiques grecs: Eschyle, Sophocle*, La Pléiade, Gallimard, Paris, 1967)이다. 횔덜린의 독일어본과 그 프랑스어 번역본은 라쿠-라바르트의 번역본(Hölderlin, *Antigone de Sophocle*, Christian Bourgois, Paris, 1978, 1998)을 참조. 동사 καλχαίνω 및 다른 단어들과 관련된 강조는 필자.

해볼 수 있다. 물론 우리는 횔덜린의 어원중심적 직역성이 그의 빈약한 그리스어 지식에 기인한 것으로 간주하고, 보스나 실러가 그랬듯 이 번역이 터무니없는 것이라고 비웃을 수도 있겠다. 그러나 여기에는 그리스 비극 언어의 본질이 담겨 있다. 다시 말해 안티고네의 '붉은'은 횔덜린이 보기에 안티고네 비극성의 본질이자 실제로 살해의 의미를 담고 있는 ἔπος과 정확히 부응한다.[18) καλχαίνω를 고답적으로 번역한 것은 그냥 지나칠 만한 일이 아닌 것이, 횔덜린이 그 단어의 본원적 의미를 선택함으로써 이 작품에서 은폐된 요소인 '하늘의 불'과 '독특한 열광'을 드러내 보여주기 때문이다.

문자중심적 번역의 또 다른 예를 들어보자. 그로장의 번역에서 티레시아스[19)]는 다음과 같이 말한다.

> Assis sur mon antique siège *augural*
> ou j'ai à ma portée toute espèce d'oiseaux··· (v. 999-1000)
> 내 오랜 점치는 자리에 앉아
> 모든 종류의 새들이 내 손닿는 곳에 있고[20)]

여기서의 augural은 ὀρνιθοσκόπος을 번역한 것으로 처음에는

---

18) *Remarques sur Œdipe, remarques sur* Antigone, *op. cit.*, pp.78-79.

19) [역주] 테베의 장님 예언자.

20) [역주] 한국어 번역본에는 다음과 같이 번역되어 있다.
"내가 새점을 보는 오래된 장소로 나가
온갖 새들이 모여드는 그곳에 앉아 있는데···"(『소포클레스 비극전집』, p.135)

'새들의 비상을 관찰하는'이라는 의미였다가 나중에는 '점을 치는'이라는 뜻으로 변하게 된다. 그러나 횔덜린은 일차적 의미를 고수하며 다음과 같이 번역한다.

> 내 오랜 의자에, 나는 앉아 있었네, 새들을 바라보며,
> 이곳, 내 앞에는 모든 새들이 그 안식처를 가지고 있네. (v. 1036-1037)[21]

독일어의 '새들을 바라보는(Vögelschauend)'는 ὀρνιθοσκόπος의 본원적 의미를 그대로 번역한 것이다.

다른 곳에서 횔덜린은 다른 번역들은 '질서'로 즐겨 번역하는 κόσμος를 '세계'로 번역한다. 이렇듯 근원적인 것을 찾아가려는 욕구로 인하여 횔덜린은 고대의 전통으로까지 거슬러 올라가, 페르세포네를 폐허를 의미하는 πέρσις로, 그리고 φάος는 '빛'으로 번역하게 된다. 그로장이

> prison perpétuelle où je me rends
> auprès des miens, ces morts sans nombre
> que Perséphone a reçus chez les défunts. (v. 892-894)
> 내가 가는 곳은 영원한 감옥
> 내 가족들 곁에 수를 셀 수 없는 사자들
> 페르세포네가 사자들의 나라로 맞이한…[22]

---

21) [역주] 이 대목에서 베르만은 횔덜린의 독일어 원문을 직접 인용하지 않고, 해당 부분을 자신이 프랑스어로 옮겨서 제시한다. 따라서 이 지문은 베르만이 횔덜린을 번역한 것을 다시 한국어로 옮긴 것이다.

라고 번역한 대목에서 횔덜린은 폐허를 연상시키는 연민의 분노(zornigmitleidig)라는 단어를 사용하여 다음과 같은 알쏭달쏭한 번역을 제안한다.

> … 나는 그곳에서 그들을 만나리
> 내 가족의 대부분을 사자들 사이에서
> 그들이 고인이 되었을 때 한 줄기 빛이
> 연민의 분노로 그들에게 인사했다네. (v. 923-926)

강도 높이기

'강도 높이기'는 횔덜린이 소포클레스 텍스트를 번역하면서 원문의 어떤 면을 부각시키려 한 점을 지칭하기 위하여 베스너(Beissner)[23]가 사용한 용어이다. 그리스어 동사 καλχαίνω의 번역만 보아도 이미 이 동사의 강도를 높이고자 했음을 알 수 있다. 그러나 특히 장면의 서두에서는 문단 전체를 대상으로 이러한 부각이 이루어지기도 하였다. 이제 횔덜린이 그리스 원문을 어떻게 더욱 강렬하게 만들어 그 원문을 넘어섰는지를 몇 가지 예를 통하여 살펴보고자 한다.

---

22) [역주] 한국어 번역본에는 다음과 같이 번역되어 있다.
"영원한 감옥이여! 그리로 나는 내 가족들을
찾으러 가고 있어요. 그들은 대부분 죽어,
페르세포네가 사자들의 나라에 받아들였고…"(『소포클레스 비극전집』, p.131)

23) *Hölderlins Übersetzungen aus dem Griechischen*, J. B. Metzler, Stuttgart, 1961.

우선 그로장의 번역을 보면 다음과 같다.

Voila celle qui a commis le délit
Nous l'avons surprise à enterrer. Où est Créon? (v. 384-385)
바로 여기에 범죄를 저지른 여인이 있소.
이 여자가 사람을 묻고 있던 중에 우리가 잡았소. 크레온은 어디 있는가?[24)]

그런데 횔덜린의 독일어는 훨씬 거칠다.

Die ists. Die hats gethan. Die griffen wir,
da sie das Grab gemacht, doch wo ist Kreon? (v. 400-401)
그녀가 그 짓을 했다. 그녀를 우리가 잡았다.
그녀가 무덤을 만들었을 때, 도대체 크레온은 어디 있었는가?

이를 프랑스어로 (어렵사리) 다시 옮겨보면 다음과 같다.

C'est elle. C'est elle qui l'a fait. Nous l'avons prise
à fabriquer le tombeau. Mais où est Créon?
그녀다. 그녀가 그 짓을 했다. 우리는 그녀가 무덤을
만들고 있을 때 잡았다. 크레온은 어디 있단 말인가?

---

24) [역주] 한국어 번역본에는 다음과 같이 번역되어 있다.
"여기 이 여인이 범인이오. 그분을 매장하고 있을 때
우리가 붙잡았어요. 크레온 님은 어디 계시죠?"(『소포클레스 비극전집』, p.110)

또 다른 대목에서 크레온은 안티고네에게 갑자기 말을 건다. 그로장은 이를 다음과 같이 번역한다.

> Toi qui t'es glissée à mon insu dans ma maison
> comme une vipère pour boire mon sang… (v. 531-532)
> 너는 내가 모르는 사이 내 집으로 스며들었다
> 마치 독사처럼 내 피를 마시기 위해…

횔덜린의 번역은 다음과 같다.

> *Ja! du! die du drin hokst, daheim, wie Schlangen,*
> *Gegorgen und mich aussaugst!* (v. 552-553)
> 당신이! 여기! 너는 거기 웅크리고, 집에, 뱀처럼
> 들어와, 내 피를 빠는구나.

라쿠-라바르트의 번역은 다음과 같다.

> Te voici, toi! qui te dissimules, tapie comme un serpent
> dans ma demeure et me suces le sang! (v.552-553)
> 너! 네가 여기 있구나, 몸을 숨기고 뱀처럼 기어서
> 내 거처로 들어와 내 피를 빠는구나.

뒤이은 행에서도 지나치게 정적이거나 상투적인 것으로 보이는 부분의 묘사들을 강화하면서, 횔덜린이 소포클레스로부터 '하늘의 불'에 해당되는 것을 끌어내려 했음은 명백해 보인다. 그로장

은 다음의 번역을 제안한다.

Ainsi en fut-il jusqu'à l'heure où le disque solaire
parvint resplendissant au zénith
et l'embrasa de son feu… (v. 415-417)
그 상태가 계속되다가, 마침내 둥근 태양이
중천에 환하게 떠오르며
뜨거운 더위가 시작되었다.

(라쿠-라바르트가 프랑스어로 옮긴) 횔덜린의 번역은 다음과 같다.

Et cela dura longtemps, jusqu'à ce que, se disloquant,
l'orbe du soleil vint s'incliner à l'aplomb
de l'Ether et que s'embrsât l'incendie… (v. 431-433)
그리고 이는 계속되었으니,
태양의 궤도가 산산이 분해되어 에테르에
수직으로 내리꽂혀 화염이 붙을 때까지…

독일어 고어와 슈바벤어 활용

횔덜린은 자신의 시에서 뿐 아니라 번역에서도 독일어 고어와 슈바벤어를 활용한다. 앞서 말한 바와 같이, 마치 본원적 그리스어를 번역하려면 본원적 독일어가 필요하다고 생각한 듯하다. 몇 가지 예를 들어보자. 횔덜린은 그리스어의 '고통'을 의미하는 πόνος(그로장은 이를 프랑스어로 douleur로 옮긴다)를 독일어의

Arbeit로 옮기는데 이는 독일어 고어에서, 그리고 오늘날의 슈바벤어에서 '노동'이 아닌 '고통'을 의미한다. 횔덜린은 '분별력 있는'을 의미하는 독일어 gescheit보다 고어적 형태인 gescheuet를 선호한다. '시선'을 의미하는 Blick는 '섬광'을 의미하는 Blitz로 옮겨진다. 그러나 횔덜린의 번역을 프랑스와 독일의 무수한 낭만주의 번역들과 마찬가지로 단지 '고답적' 번역으로만 정의하기는 어렵다. 그보다는 횔덜린의 번역이 그리스어의 고풍스러움을 맞아들이기 위해 독일어 안의 고풍스러움을 되살리고 있다고 볼 수 있으며, 방언이든 고어든 이렇듯 그 언어의 '근본'으로부터 끌어낸 단어들은 더 강렬할 수밖에 없고, 고전주의를 넘어서서 그리스 비극에서 들려오는 야성의 위대한 언어를 구축하는 데 기여한다는 점에서 하나의 '강도 높이기'라고 할 수 있다. 횔덜린의 번역이 그리스 예술에 대한 '고전주의적' 관점을 의도적으로 파괴하려 함은 횔덜린이 원문에 가한 '변형'들을 통하여 확인해보게 될 것인데 이 변형은 다양한 성격을 가지고 있으며 한편으로는 원 텍스트를 '서구화'시키면서, 다른 한편으로는 '동양화'시켜 그 근본 어조를 발산시키고 있다.

변형

변형은 그 숫자도 많고 종종 수수께끼 같다. 가장 놀라운 것은 신들의 이름과 관련된 변형이다. 횔덜린은 종종 원문의 신의 이름을 삭제하고 이를 다른 명칭으로 대신한다. 예를 들어 제우스 신은 '대지의 아버지' 혹은 '대지의 주인'이 된다. 아레스 신은

'전쟁의 정령(精靈)'으로 번역된다. 에로스는 '사랑의 정령' 혹은 '평화의 정령'이 된다. 아프로디테는 '신성한 미(美)'가 되고, 바쿠스는 '쾌락의 신'이 된다. 신들을 통칭할 때에는 '천상 존재들(celeste)'로 하고 악마들은 '저편의 신들'이 되며, '우리 아버지의 신'은 '아버지 나라의 수호 정령'이 된다. 이러한 변형은 두 가지로 해석될 수 있다. 첫째, 그리스 신의 이름을 삭제하면서 횔덜린이 고대를 대상으로 하는 인본주의적, 바로크적 상상계를 한번에 걷어내며, 새로이 부여된 명칭들은 이 신들이 가진 '동양적' 독창성 속에 담긴 정수(精髓)를 드러내준다는 것이 바로 라인하르트의 주장이다.[25] 하지만 둘째, 횔덜린은 신을 '정령' 혹은 '아버지'로 재명명하면서 '우리의 표상 방식'에 가까이 데려온다는 점에 있어서 이들을 서구화시키고 있다. 왜냐하면 서구인들에게 있어서 신은 '정령'이기 때문이다. 이것이 횔덜린이 가한 변형을 바라보는 라쿠-라바르트의 관점이다. 사실, 횔덜린이 가한 변형들은 위의 양가적 측면을 동시에 가지고 있으며, 이것은 횔덜린이 자신의 서신에서 예고한 바와 정확히 일치한다. 소포클레스는 동양화된 동시에 서구화되었으며 바로 이 지점에서 횔덜린 번역의 첫 번째 원칙(부각)의 원칙과 균형을 맞추게 하는 두 번째 원칙이 드러난다. 바로 한계선을 긋고 절제하는 원칙이다. 신들의 이름과 관련해서는 이 두 원칙이 서로 엉켜 있다.

이 밖에도 원문 텍스트의 의미 자체에 영향을 미치는 다양한 변화들이 이루어졌는데 이는 라인하르트와 라쿠-라바르트, 그리

25) Karl Reinhardt, "Hölderlin et Sophocle", in *Po&sie*, no. 23, pp.16-31, Belin, Paris, 1983.

고 보프레의 분석, 그 중에서도 특히 다나에와 제우스와 관련된 대목을 참고할 수 있겠다.

이상과 같이 개략적으로 횔덜린의 소포클레스 번역을 지배하는 원칙들을 살펴보았다. 라인하르트가 그러했던 것처럼, 이 번역이 단지 예외적이고 유일한 것이며 횔덜린이 자신에게 중요하게 의미를 지닌 작가를 대상으로 자신의 시학을 '적용'해보려는 시도였다고 간주하고픈 유혹이 크다. 만일 그렇다면 이 번역으로부터 우리의 번역 체험과 관련한 어떤 법칙이나 교훈을 끌어낼 수는 없을 것이다. 그러나 나는 횔덜린이 번역 일반의 본질과 관련된 뭔가 근원적인 것을 우리에게 전달해주었다고 생각한다. 앞서 언급한 것처럼, 원문의 기원을 드러내 발현시켜주는 번역, 절제 속의 부각, 혹은 장 보프레가 말한 "우리의 것으로 되돌아오게 하는 탈자국화(dépaysement qui rapatrie)"[26]인 것이다. 사람들은 물을 것이다. 만일 '하늘의 불'과 '제시의 명확성' 간의 대비를 통하여 소포클레스와 그리스 시를 설명할 수 있다면, 그리고 하늘의 불을 부각시키는 것만이 번역을 통하여 그리스 예술의 독창성에 다가갈 수 있는 유일한 방법이라면, 이러한 횔덜린의 도식이 단테, 셰익스피어, 공고라, 밀턴, 라신과 같은 다른 작품들에도 적용 가능한가? 조이스나 카프카, 브로흐, 프루스트, 홉킨스, 첼란, 로아바스토스 등에도 적용될 수 있는가? 당연히 그렇다. 물론 이상에서 무작위로 언급한 작품들에게서는 '하늘의 불'과 '제시의 명확

26) *Op. cit.*

성'이 소포클레스의 작품에서와는 다른 방식으로 구현된다. 그러나 횔덜린의 도식은 **작품으로서의 모든 작품**을 대상으로 하며, 그 순간 번역은 매번 동일한 과제 앞에 놓이게 된다. 이 과제는 (보르헤스가 자신의 작품 *Versiones homericas*에서 주장한 바대로의) 문학적 변형도 아니고, 재생산도 아니다. 번역의 궁극적 과제는 작품의 생명을 이루는 갈등을 드러내는 것이다. 여기서 관건이 되는 것은 **번역과 진리와의 관계**이며, 횔덜린과 함께 드러나는 것은, 더 이상 원문과의, 원문이 가진, 고정불변의 외양과 일치(adéquation) 여부가 아닌 **번역의 진리**라는 개념이다. 이것이 바로 슈바벤의 시인이 우리에게 남긴 번역가의 번역 행위에 대한 성찰거리인 것이다.

제 5 장
밀턴의 번역자 샤토브리앙

1836년 샤토브리앙이 밀턴의 『실낙원』의 번역을 출판했을 당시, 프랑스는 낭만주의 시대가 한창이었다. 우리의 주제와 연관지어 생각해볼 때 이는 두 가지를 의미한다. 우선 영국과 독일의 낭만주의가 프랑스로 침투해오면서, 프랑스에서는 기존의 '벨 엥피델'로 상징되는 고전주의 번역과 단절하고 훔볼트적 관점을 계승하여(그러나 당시 독일 낭만주의 특유의 사변적 반성성은 결여한 채), 원작품이 가진 '특수성'에 천착하려는 번역 운동이 일어났다. 또한 당시 프랑스에서는 번역 행위를 재평가하려는 움직임이 일었고, 이는 빅토르 위고의 다음 글을 통하여 잘 드러난다.

> "그들[번역가들]은 하나의 고유어(idiome)를 다른 고유어들에 포개놓는데, 때론 이들이 단어의 의미에 이국의 용례까지 포함하도록 잡아 늘여 언어의 유연성을 증가시키기도 한다. 너무 잡아 늘여 파열되지만 않는다면, 고유어의 번역은 의미를 발전시키고 확장시킨다."[1)]

다른 글에서 위고는 번역가들이 번역하는 것은

"마치 기술자들이 높은 산에 마찻길을 내는 것과 같다."[2)]

고 당대의 시대정신에 맞게 설명한다.

그러나 '파열' 직전에서 멈추는 이러한 낯선 것에 대한 개방은 혁명과 나폴레옹 제정(帝政)이 야기한 온갖 격변들로 인하여 두 가지 방식으로 준비되어왔다. 첫째, 혁명과 제정이 유럽 전역을 휩쓸었을 뿐 아니라 이집트 원정을 계기로 동방에까지 그 영향을 미쳐 막대한 문화적 파장을 일으켰다. 특히 이집트 원정 결과 그 때까지 불가해한 언어로 남아 있었던 이집트어를 고대 언어로서는 최초로 해독하게 되었는데 이는 동일한 텍스트가 세 개의 다른 언어로 기록되어 있는 로제타 스톤[3)]을 활용한 이중 번역 덕택이었다. 둘째, 혁명과 제정으로 인하여 샤토브리앙뿐 아니라, 마담 드 스탈(Madame de Staël), 벵자맹 콩스탕(Benjamin Constant), 조셉 드 메스트르, 리바롤(Rivarol), 들릴(Delille), 보날드(Bonald) 등 수많은 프랑스 작가들이 유배를 떠나게 되었다. 『실낙원』의

---

1) H. Meschonnic, "Ce que Hugo dit de la langue", *Romantisme*, "Conscience de la langue", no. 25-26, Champion, Paris, 1979, p.63에서 인용. 위고가 언급한 번역의 한계는 훔볼트가 언급한 한계와 동일하다.

2) *Ibid.*, 기술 영역에서 번역가와 기술자의 표상은 오늘날 언어공학자(ingenieur linguiste)라는 새로운 직종의 출현으로 중첩되기에 이른다.

3) [역주] 이 돌은 1799년 나폴레옹 원정군이 알렉산드리아에서 동쪽으로 60킬로미터 떨어진 로제타 마을에서 발견한 것으로 현무암의 반질반질한 쪽에 첫째 단 14행은 이집트 상형문자가, 둘째 단 32행은 민용문자(民用文字)가, 셋째 단 54행은 그리스어가 쓰여 있다.

번역은 유배의 산물이었다.4) 이러한 프랑스 작가들의 유배 경험은 프랑스의 문화 구조에 결정적 영향을 미친다. 마담 드 스탈의 『독일론』, 샤토브리앙의 『영국문학론』, 조셉 드 메스트르의 『상트페테르부르크 야화』 등을 통해 드러나듯, 이 경험은 프랑스 문화를 낯선 것에게로 개방하는 역할을 하게 된 것이다.

직역성의 지향

1836년, 샤토브리앙은 의심의 여지없이 프랑스 산문계의 거장이었다. 샤토브리앙이 극도로 세련화시킨 프랑스 산문은 이후 프루스트에 이르러서야 비로소 추월되었다고 할 수 있다. 그렇다면 샤토브리앙은 왜 자신이 그토록 훌륭히 제어하고 있는 산문의 방대한 자원을 포기해가면서까지 밀턴을 '직역'하기로 결심한 것일까? 이는 당시 프랑스 문단의 동향과 번역 운동을 주시하던 푸슈킨도 놀랄 만한 분명 의미심장한 '방향 전환'이었다.5) 샤토브리앙도 자신의 번역서 앞부분에 삽입한 「단상(Remarques)」6)에서

4) 그리고 번역자의 물질적 빈곤 때문이기도 했다. 이들의 번역은 한마디로 돈을 벌기 위한 생계형 번역(Brotübersetzung)이었다. 유배 상황이나 빈곤이 없었다면 샤토브리앙은 『실낙원』을 번역하지 않았을 것이라고 샤토브리앙 '전문가들'은 단언한다.

5) "오늘날, 프랑스 최고의 작가가 밀턴을 단어 대 단어(mot à mot)로 번역하고 행 병렬 번역(traduction juxtalineaire)이 자신의 예술의 정점이라고 단언하였다. … 이는 문학에 엄청난 영향을 줄 수 있다고 본다." Claude Esteban, "Traduire", *Argile*, XXII, Maeght éditeur, Paris, 1980, p.78에서 인용.

6) 「밀턴의 번역 관련 단상」. 이는 샤토브리앙 전집에 들어 있으며 별쇄본

이에 대해 설명한 바 있다.

그러나 일단 샤토브리앙이 직역을 선택한 것은 번역 대상인 원작품의 구조와 번역자의 입장을 동시에 감안한 것이었음을 짚고 넘어가야 할 것이다.

원문의 직역성과 라틴어화

『실낙원』이라는 기독교 시(詩)는 이중적 지평과 이중적 원천을 가진 작품이다.

첫 번째 지평은 성경으로 히브리어판, 라틴어판(불가타), 그리고 흠정역 성경[7](欽定譯聖經, Authorized Version)이다.

두 번째 지평은 라틴 문학이다.

물론 밀턴 역시 그리스 작가, 르네상스와 바로크 시대의 이탈리아(밀턴은 젊은 시절 이탈리아어로 소네트를 쓰기도 하였다) 작가들로부터 영감을 얻은 것은 사실이나, 근원적으로 밀턴을 규정하고 있는 것은 라틴성과 기독교성이다. 그리고 이것은 밀턴 번역의 직역성과 관계가 없지 않다. 시인 밀턴은 흠정역 성경의 일부 구절들을 그대로 따오기도 하고, 성경과 라틴, 그리스, 이탈리아의 수많은 이미지와 표현들을 그대로 (번역해) 옮겨낸다. 그

은 *Po&sie*, *op. cit.*, pp.112-120, no. 23(1982)에 실려 있다. 이후 「단상」의 인용은 모두 이 별쇄본을 참조한 것이다.

7) [역주] 최초의 영어판 표준성서 번역으로서 1604년의 종교회의에서 제안되어 47명의 학자와 성직자에 의하여 1607년부터 약 3년간에 걸쳐 번역되고 1611년에 출판되었다.

리고 이러한 상호 텍스트적 차원에서의 차용이 샤토브리앙의 번역을 통해서 그대로 전달된다. 샤토브리앙은 이를 자신의 「단상」에서 훌륭히 설명한다.

"'어둠' 혹은 '눈에 보이는 암흑'은 세네카가 사용한 '어둠을 통해서 보기 위해서가 아니라, 어둠 자체를 보기 위해서(*non ut per tenebras uideamus, sed ut ipsas*)'라는 표현을 연상시킨다.

불의 호수 위로 사탄이 고개를 내미는 모습은 『아이네이스』의 '그들의 가슴들이 파도 가운데서 솟아올라(*Pectora quorum inter fluctus arrecta*)'에서 빌려온 이미지이다.

밀턴이 쓴 사탄의 대사 중 '지옥을 다스림은 야심에 걸맞다'라는 표현은 그로티우스의 '다스리는 것은 야망에 걸맞다, 지옥이라 할지라도(*Regnare dignum est ambitu, etsi in Tartaro*)'를 번역한 것이다.

추락한 천사를 가을 낙엽에 비유한 것은 『일리아스』와 『아이네이스』에서 빌려온 것이다. 시인 밀턴이 기도 중에 산문으로도 운문으로도 한 번도 말해진 적이 없는 것을 노래하겠다고 소리칠 때, 시인은 루크레티우스와 아리오스트의 '산문으로도 운문으로도 언급된 적이 없다(*Cosa non detta in prosa mai, ne in rima*)'를 모방하고 있다.

'lasciate ogni speranza'는 멋진 방식으로 설명이 덧붙여져 '누구에게나 오는 희망이 절대로 오지 않는, 슬픔의 지역, 애달픈 어둠(*hope never comes that comes to all*)'으로 옮겨져 있다.

밀턴이 천사들을 설명하면서 어떤 천사는 오른쪽, 어떤 천사는 왼쪽으로 향한다는 말 대신 '어떤 천사는 창 쪽으로, 어떤 천사는 방패 쪽으로 향한다'고 할 때 이러한 시적 말하기는 '로마 병사는 오른손에는 창을, 왼손에는 방패를 들고 있다(*declinare ad hastam uel ad scutum*)'라는 식의, 로마인들의 관용어법에서 빌려온 것이다. 이렇듯 밀턴은 시인들뿐 아니라 역사가들까지 동원하면서 늘 무언가를 우리에게 가르쳐주면서도 시치미를 떼고 있다. 내가 방금 인용한 구절들은 불과 『실낙원』의 첫 300행에서 나온 것이다. 밀턴이 에스겔,[8] 소포클레스, 타스 등을 모방한 것에 대해서는 아직 이야기를 꺼내지도 못했다.

이 시에서 '계절'이라는 단어는 때로는 '시간'으로 번역되어야 한다. 시인 밀턴은 설명 없이 스스로 그리스 사람, 아니 더 정확히는 호메로스가 되기도 하는데 이는 그에게 자연스러운 것이었다. 밀턴은 헬레니즘적 표현들을 당대의 영어 속에 담아내었다.

예를 들어 밀턴이 여자라는 이름은 남자로부터 따왔다고 말할 때, 영어에서의 woman을 의미하는 말로 불가타 성경에서 사용된 uirago가 남성이라는 단어에서 파생된 것을 모르고 있다면 이를 어떻게 이해할 수가 있겠는가? 문제는 프랑스어의 여성(femme)과 남성(homme)은 이 경우에 해당되지 않는다는 것이다. 신은 '사각형의 제국'을 사탄은 '원형의 제국'을 다스린다 함은, 신은 하늘을, 사탄은 세상을 통치한다는 의미인데, 이는 「요한계시록」에 나오는 '정방형에 놓인 신의 나라(Ciuitas Dei in quadro posia)'에서 나온 것임을 알아야 한다."[9]

간단히 말해 번역, 특히 직역이라는 기제는 영어를 라틴어화하려는 시도와 함께 작품 전체에 걸쳐 작동하고 있다. 샤토브리앙은 원문이 이미 다른 텍스트의 요소를 직역해온 것을 다시 직역해낸 것이다. 이는 더 일반적인 문제로 이어지게 되는데, 즉 작품

8) [역주] 구약성서 속의 한 책인 「에스겔서」의 저자. 기원전 597년 바빌론으로 사로잡혀 간, 많은 유대인 포로들의 신앙 지도자이다.

9) *Op. cit.,* p.118.

이 내적으로 번역(작품 안에 담긴 것 중 다른 텍스트로부터 번역해온 것과 그렇지 않은 것)과 어떤 관계를 맺는가에 따라, 해당 작품이 타 언어로 번역되는 방식, 그리고 그러한 번역으로 인해 제기될 수 있는 번역 '문제들'이 이념적으로(idéalement) 규정된다는 것이다. 다르게 말해보자면, 해당 작품의 언어가 [그 작품 속에서] 다른 언어 혹은 언어들(여기서는 라틴어, 헤브라이어, 그리스어, 이탈리아어)과 어떤 관계를 맺고 있는지에 따라 해당 작품이 다른 언어로 번역되는 방식이 규정된다.

그런데 밀턴이 가진 두 가지 측면, 즉 기독교성과 라틴성을 기준으로 볼 때, 샤토브리앙은 진정한 밀턴적 인간이었다. 왜냐하면 샤토브리앙 역시 (다소 다른 방식이긴 하나) 이 두 차원에 연결되어 있기 때문이다. 따라서 샤토브리앙의 밀턴 번역은 종교적인 번역이자, 라틴어화하는 번역이 된다. 특히 후자의 경우 「단상」의 끝부분에서 샤토브리앙의 다음과 같은 단언을 통하여 확인할 수 있다.

> "내 임무를 완수하기 위해 나는 박식한 주석가들의 모든 토론들을 구해 살펴보았다. 나는 구할 수 있는 모든 프랑스어 번역본, 이탈리아어 번역본, 라틴어 번역본을 읽었다. 특히 라틴어 번역본은 단어들을 직역으로 옮기거나 문장 도치를 그대로 옮기는 데 용이하여, 내게 매우 도움이 되었다."10)

샤토브리앙은 직역을 가능케 하는 라틴어 번역을 모델로 삼아

10) *Ibid.*, p.120.

밀턴을 번역한다. 이러한 번역자 샤토브리앙의 우회는 영어를 라틴어화하는 우회를 거치는 저자 밀턴의 글쓰기와 놀라우리만치 흡사하다.

종교적 지평

종교적 지평 역시 간과할 수 없는데, 밀턴은 다음의 루터의 외침을 곧이곧대로 받아들이는 것처럼 보인다.

> "그래서 나는 거짓 기독교인이나 분파적 정신의 소유자들이 [성경에 대한] 충실한 번역을 할 수 없다고 생각한다."[11]

여기서 간략하게 종교성과 번역 간의 이러한 구조적, 역사적 연결고리를 언급하지 않을 수 없겠다. 횔덜린에게서도 발견되는 이러한 연결고리에 대해 라인하르트는 다음과 같이 기술한다.

> "횔덜린에게 있어서 소포클레스의 비극 작품들은 잃어버렸다가 되찾은 성전(聖典)과도 같았다. … 시인 횔덜린은 『안티고네』를 하

---

11) *Op. cit.*
[역주] 『낯선 것으로부터 오는 시련』, p.67을 참조하면 이 짧은 인용문의 전후 맥락을 좀 더 상세히 알 수 있다.

나의 종교적 메시지로 옮겨야 했음은 물론이요, 이 텍스트를 헤스페리아[12]의 종교적 어조 속에 옮겨놓아야만 했다."[13]

그리고 횔덜린은 그러한 방식으로 번역하려 애썼다.

이는 번역자의 충실성(직역성)에 근거(fondement)를 대야 한다면, 그 근거는 문학 외부의 지점, 즉 윤리성, 시성(詩性), 종교성이 만나서 하나가 되는 지점에 위치함을 의미한다. 샤토브리앙이 밀턴을 '종교적으로' 번역했기 때문에 그의 번역이 '직역'일 수밖에 없는 것이다.

『실낙원』도 『실낙원』의 번역도, 이러한 종교적 지평과 무관하게 존재할 수는 없는 것이다.

여기에 번역적인 것과 종교적인 것 사이의 본질적 연관성이 존재한다고 가정해볼 수도 있으며, 이것은 벤야민이 간접적으로 언급한 것이기도 하다.

> "왜냐하면 어느 정도까지는, 성서를 최고 정점으로 하는 모든 위대한 글쓰기들은 그 행간에 잠재적 번역을 담고 있다. 성서의 행대응 번역이야말로 모든 번역의 모델이자 이상이다."[14]

---

12) [역주] 『낯선 것으로부터 오는 시련』, p.319에 이미 등장한 용어로서 서쪽의 아주 먼 나라를 가리키는 말인데, 그리스인에게는 이탈리아, 로마인에게는 스페인 같은 나라를 의미한다.

13) "Hölderlin et Sophocle", in *Po&sie*, no. 23, *op. cit.*, p.121.

14) *Op. cit.* 그리고 문자적 번역과 종교적 원칙 사이에도 연결고리가 존재한다. 이는 벤야민의 「번역가의 과제」에서 명백히 드러난다.

스타이너는 『바벨 이후』에서 샤토브리앙의 번역에 대해 언급하면서 샤토브리앙의 프랑스어가 라틴어를 염두에 두고 있는 것은 물론이거니와, 그의 프랑스어는

> "흠정역 성경과 등가한 [프랑스어 성서]의 존재가 있음을 암시한다. 우리가 종종 지적한 바와 같이 그러한 등가본은 존재하지 않는다. 그러나 그것이 상상적 차원에서 존재하고 있음은 의심의 여지가 없다."15)

고 설명한다.

따라서 다음과 같이 정리할 수 있다.

Paradise Lost	⟶	*Paradis perdu*
(영어 원문)		(프랑스어 번역본)
흠정역 성경		프랑스어 성경
		(존재하지 않음)

샤토브리앙은 실제로는 존재하지 않지만 프랑스어판 흠정역 성경이 있었다면 사용하였을 법한 기독교적 프랑스어로 밀턴을 번역한다.

이제 다시 「단상」을 살펴보자. 번역자 샤토브리앙은 거침없이 자신의 구상을 제시한다.

---

15) G. Steiner, *Après Babel*, p.297, *op. cit.*, trad. L. Lotringer [필자가 수정함].

“내가 『실낙원』에 대해 우아한 번역만을 제시하려 했다면, 그러한 수준의 번역에 이르는 것이 불가능하지 않을 만큼 충분한 문예적 지식을 가지고 있다는 점을 사람들은 인정할 것이다. 그러나 내가 시도한 것은 온전한 의미에서의 직역으로써, 마치 눈앞에 사전을 펼쳐놓은 것처럼 어린아이나 시인이 한 줄 한 줄, 한 단어 한 단어 텍스트를 따라가며 읽을 수 있는 번역이다.”16)

이러한 직역은 학교교육에서의 ‘행 대응’ 번역(Luneau)이나 우아한 하이퍼텍스트적 번역(Dupré de Saint-Maur) 등 기존의 번역과 정반대의 번역이다. 샤토브리앙은 다음과 같이 예리하게 지적한다.

“이제까지 제시된 이 명작의 번역들은 진정한 번역들이었다기보다는 개설(概說, Epitômés)이거나 바꿔쓰기적 확장(amplifications paraphrasées)이어서 작품의 전체적 의미 파악조차 어려웠다.”17)

여기서 몇 가지 밝혀야 할 것이 있다. 첫째, 샤토브리앙의 ‘직역성’은 뤼노에게서 볼 수 있는 것과 같은, 특정 해설의 근거를 대기 위한 목적의 교과서적, 문헌적인 차원에서의 ‘단어 대 단어’가 아니다. 왜냐하면 ‘단어 대 단어’는 그 정의상 수평적, 단선적 성격을 가지고 있기 때문에 원문을 떠받치고 있는 다양한 층위들이나 그 시니피앙적 두께를 전달할 수 없기 때문이다. 더욱이 샤토브리앙의 번역은 운문으로 되어 있는 원문을 산문으로 옮긴 것

16) *Op. cit.*, p.112.

17) *Ibid.*, p.116. Epitômés는 개설서를 의미함.

인 만큼, '단어 대 단어'로 보기는 더더욱 어렵다. 그렇다고 해서 그의 번역이 부정적 의미에서의 산문화는 아니며, 그보다는 보들레르 이후부터 '시적 산문'[18]이라 불리기 시작한 형식으로의 번역이다. 더욱이 (『실낙원』 같은) '서사'시나 '극'시(劇詩)는 위대한 산문들과 핵심적 관계를 맺고 있다. 따라서 밀턴을 산문으로 번역하는 것이 원문에 대한 배신은 아니며, 그보다는 원문이 가지고 있는 운율적 긴장에 변형을 가하여, 우리가 가늠할 수 없는 변화를 일으키는 것이다. 이는 그 자체로도 이미 하나의 번역이다. 이 변형의 성격을 알아보는 일이 남아 있을 뿐이다. 헤겔은 『미학』[19]에서 운문이 산문으로 '번역'될 수 있다고 했으며, 괴테도 같은 의견이었다. 별도의 성찰을 요하는 이들 헤겔과 괴테의 의견을 진지하게 받아들인다면, 샤토브리앙이 『실낙원』을 산문으로 번역한 것이 샤토브리앙이 '시인'이 아니기 때문에 발생한 한계였다고 선험적으로 상정하기는 어려울 것이다. 어쩌면 밀턴의 시는 번역자에 의해 산문화되면서 벤야민이 언급한 "모든 작품이 가지고 있는 산문적 핵"에 도달했는지도 모른다. 특정 운문 작품들의 경우 산문역이 번역의 가능태 중 하나로 간주되어야 할지도 모른다. 더욱이 샤토브리앙의 『실낙원』 번역처럼 이 산문역이 직역으로 이루어질 경우, 물음은 여전히 열려 있다.

---

18) 말라르메도 에드가 앨런 포의 시들을 이러한 방식으로 번역하게 된다.

19) [역주] 우리나라에는 『헤겔 미학 III: 개별 예술들의 변증법적 발전』(두행숙 옮김, 나남출판사, 1998)으로 번역되어 있다.

재번역

이제 또 하나 짚고 넘어가야 할 사실은 바로 이 번역이 재번역이라는 점이다. 번역을 이루는 두 개의 공간(및 두 개의 시간), 즉 최초 번역의 공간과 재번역의 공간을 구분하는 것은 매우 중요하다. 번역에서 이 두 범주를 구분하는 것은 괴테나 벤야민에서 그 개략적 구상(그러나 단지 구상에 머무르는)을 발견할 수 있는 번역하기의 시간성에 대한 성찰에서 핵심적 모멘트 중 하나이다.[20]

재번역자는 원문이라는 하나의 텍스트를 대상으로 하는 것이 아니라, 둘 혹은 그 이상의 텍스트들을 감안하게 되는데 이로 인하여 매우 특수한 공간이 만들어진다.

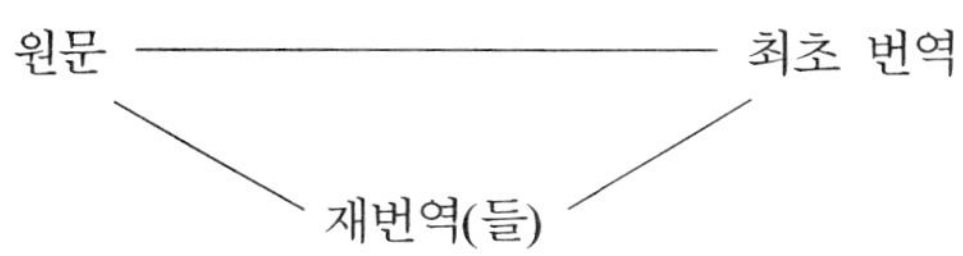

재번역은 원문을 위하여, 그리고 기존 번역들에 반하여 이루어진다. 그리고 일반적으로 번역의 걸작은 바로 이러한 공간에서

20) 이러한 성찰의 또 다른 모멘트들 중 하나는 바로 번역의 카이로스(Kairos), 즉 '우호적 순간' 이론이다. 『일방통행로(*Sens Unique*)』라는 저서에서 벤야민은 번역이 세속의 텍스트라는 나무에서 익어 떨어지는 과일처럼 '때가 되면(rechetzeitig)', 즉 작품의 가을이 오면 익어 떨어지게 된다고 말했다.

[역주] 벤야민의 이 책은 우리말로 두 출판사에서 번역, 출간되었다. 김영옥 · 윤미애 · 최성만 옮김, 『일방통행로/사유이미지』, 길, 2007; 조형준 옮김, 『일방통행로: 사유의 유격전을 위한 현대의 교본』, 새물결, 2007.

탄생했음을 확인할 수 있다. 최초 번역은 가장 위대한 번역이 아니며, 그렇게 될 수도 없다. 번역이 가지는 이차성(혹은 부차성)은 이차적 번역인 재번역들과 중첩되는 것처럼 보이기도 한다. (어떤 의미에서 세 번째 번역이란 없으며 무수한 '이차적' 번역들이 있을 뿐이다.) 여기서 지적하고자 하는 바는, 위대한 번역은 원문에 대해 이차적이면서 동시에 최초 번역에 대해서 이차적이라는 것이다.

이는 괴테의 다음과 같은 유명한 세 가지 번역과 매우 유사하다.

> 단어 대 단어 번역(비-문학적)
> 개작적이거나 번안적 번역
> 고도의 행 대응 번역[21]

다시 말해 직역은 재번역일 수밖에 없으며 그 역도 성립한다. 재번역을 전혀 염두에 두지 않고 스타이너가 했던 다음의 말이 정확히 들어맞는다.

> "직역주의는 … 쉬운, 일차적 [번역] 방식이 아니라, 최종적 방식이다."[22]

샤토브리앙의 경우가 바로 여기에 해당된다. 그러나 그것뿐이

---

21) [역주] 괴테의 3단계 번역에 관해서는『낯선 것으로부터 오는 시련』4장의 p.118 이하를 참조.

22) *Op. cit.*

아니다. 그의 직역은 (번역이 어쩔 수 없이 폭력을 가하게 되는 대상인) 모국어와 맺는 특수한 관계의 표현이다. 마치 원문과 원문의 언어에 대한 일차적 운동(최초 번역)은 원문을 병합하는 운동이고, 이차적 운동(재번역)은 모국어를 낯선 언어로 둘러싸는 운동인 것처럼 보인다. 따라서 직역성과 재번역은 모국어와의 관계가 무르익었다는 징후이다. 여기서 '무르익음'이란 판비츠가 말한 것처럼 낯선 언어로부터의 '충격'을 수용하고 추구할 수 있는 상태를 의미한다. 샤토브리앙은 모국어와 그러한 무르익은 관계를 맺고 있었다. 프랑스 고전주의 산문을 완전히 장악한 그였기에, 이러한 무르익은 관계에 스스로를 열 수 있었던 것이다.

문자를 대상으로 하는 작업

그렇다면 번역자 샤토브리앙은 영어로 된 텍스트의 문자를 대상으로 하여 구체적으로 어떻게 작업하였는가? 수많은 예들로 가득한 「단상」을 다시 인용해보자.

"『실낙원』 제2편에서 우리는 다음과 같은 구절을 읽을 수 있다.

'No rest, through many a dark and dreary vale
They pass'd and many a region dolorous,
O'er many a frozen, many a fiery Alp,
Rocks, caves, lakes, fens, bogs, dens, and shades of death;
A universe of death, wich God by curse
Created evil, for only good.

Where all life dies, death lives, and nature breeds,
Perverse, all monstrous, all prodigious things,
Abominable, inutterable, and worse
Than fables yet have feign'd or fear conveived,
Gorgons, and lydras, and chimoeras dire.'[23)]

'Elle traversent maintes vallées sombres et désertes, maintes régions douloureuses, par-dessus maintes Alpes de glace et maintes Alpes de feu: rocs, grottes, lacs, mares, gouffres, antres et ombres de mort: univers de mort, que Dieu dans sa malédiction créa mauvais, bon pour le mal seulement; univers où toute vie meurt, ou toute mort vit, où la nature perverse engendre toutes choses monstrueuses, toutes choses prodigieuses, abominables, inexprimables, et pires que ce que la fable inventa ou la frayeur concut: gorgones et hydres et chimeres effroyables.'

---

23) [역주] 이 부분은 『실낙원』 제2편 618-630행에 해당되는 부분으로 한국어로는 다음과 같이 번역되어 있다.
"비로소 자신들의 가련한 운명 보고, 쉴 곳
없음을 안다. 수많은 어둡고 황량한 골짜기,
수많은 우울한 지역, 불과 얼음의
알프 같은 수많은 산들을 넘어 그들은 간다,
바위, 동굴, 호수, 늪, 습지, 굴, 죽음의 그늘을 넘어.
이 죽음의 천지, 그것은 하느님이 저주로써
만든, 오직 악에만 적합하게 만든 사악한 곳.
여기에선 모든 삶은 죽고 죽음만이 살며, 사악해진
자연은 온갖 보기 흉하고, 기괴하고,
징글맞고, 형언할 수 없는, 옛 이야기에
나오는 것보다 더 무시무시하고 공포 자아내는 고르곤,
히드라, 키메라보다 더 추악한 것만을 생산한다."(이경애 옮김, 『실낙원』, 일신서적출판사, 2003, p.70)

(그들은 어둡고 한적한 수많은 골짜기들과, 고통에 찬 수많은 지방들을 지났으며, 수많은 얼음의 알프,[24] 수많은 불의 알프, 바위, 동굴, 호수, 늪, 구렁텅이, 소굴들, 죽음의 그림자, 죽음의 세계, 신이 저주 속에서 악하게 창조한, 악을 위해서만 쓸모 있는, 모든 생명이 죽는 세계, 모든 죽음이 사는 세계, 사악한 자연이 만들어낸 모든 괴상하고 불가사의하고 구역질나고 표현 불가능한 것들, 우화가 지어낸 것보다, 공포가 빚어낸 것보다 끔찍한 것들, 고르곤, 히드라, 키메라보다 끔찍한 악몽들.)

영어 원문에서 반복되는 many라는 단어는, 프랑스어의 구어인 maintes로 옮겨져서 문자적 번역과 함께 같은 소리의 울림을 가능케 하였다. 영국인들이 그토록 칭송한 아래의 시구

'Rocks, caves, lakes, fens, bogs, dens, and shades of death'

의 경우, 프랑스어로도 역시 바위, 동굴, 호수, 늪, 구렁텅이, 소굴들, 그림자로 관사 없이 나열하였다. 이렇게 옮겨놓으면 원문과 유사한 조화를 유발할 수 있다. 그러나 통사구조를 상당히 희생시켰음을 인정한다. 이하에 소개된 것은 문법 규칙을 모두 지켜서 뒤프레 드 생 모르(Dupré de Saint-Maur)가 번역한 것이다.

'En vain traversaient-elles des vallées sombres et hideuses, des régions de douleur, des montagnes de glace et de feu; en vain franchissaient-elles des rochers, des fondrieres, des lacs, des précipices et des marais empestés, elles retrouvaient d'épouvantables ténèbres, les ombres de la mort, que Dieu forma dans sa colère, au jour qu'il créa les maux inséparables du crime; elles ne voyaient que des lieux où la vie expire, et où la mort seule est vi-

24) [역주] 높은 산은 모두 '알프'라 칭함. (참조. 『실낙원』)

vante: la nature perverse n'y produit rien que d'énorme et de monstrueux; tout est horrible, inexprimable et pire encore que tout ce que les fables ont feint ou que la crainte s'est jamais figuré de gorgones, d'hydres et de chimères dévorantes.'

(그들은 어둡고 끔찍한 골짜기, 고통의 지대, 얼음과 불의 산들을 건넜으나 허사였다. 바위와 웅덩이, 호수, 절벽, 악취를 풍기는 늪을 지났으나 허사였고 숨 막히는 어둠과 죽음의 그림자를 다시 만날 뿐이었다. 신께서 죄악과 떼어낼 수 없는 악들을 창조하시던 날 분노 속에서 만들어낸 것들을 다시 만날 뿐이었다. 이들에겐 삶이 끝나고 죽음만이 유일하게 살아 있는 곳만이 보였다. 사악한 자연이 거대하고 괴물스러운 것만을 만들어낸 곳, 모든 것이 끔찍하고 표현 불가능하여 우화들이 그려낸 것이나 공포가 만들어낸 고르곤, 히드라, 키메라보다도 더한 것이었다.)

위의 번역자가 텍스트에 어떤 결과를 초래했는지는 여기서 이야기하지 않겠다. 위 번역자의 바꿔쓰기(paraphrase)와 나의 단어 대 단어 번역이 각각 무엇을 얻고 무엇을 잃는지는 독자들이 판단해야 할 것이다. 다른 번역들을 참고하여 앞선 번역자들이 무엇을 덧붙이고, 무엇을 누락(사실 번역자들은 대부분 어려운 대목들은 건너뛰고 번역하므로)시켰는지 확인해보면, 결과적으로 직역이야말로 밀턴 같은 저자를 알리는 데 최고의 방법이라는 확신이 생기게 될 것이다."

뒤이어 샤토브리앙은 다음과 같이 결정적인 언급을 한다.

"나는 밀턴의 시를 투명하게 본떴다. 프랑스어답게 번역하면 원문이 가진 구체성이나 독창성, 에너지의 어떤 부분이 소실될 거라고 판단될 때, 프랑스어 동사의 격을 바꾸기를 주저하지 않았다. 구체적 예시를 보여주면 더 잘 이해가 될 것이다.

many a row
Of starry lamps ……………………………………………
…………………………………………… *Yielded light*
As from a sky

나는 이를 프랑스어로 'Plusieurs rangs de lampes étoilées … émanent la lumière comme un firmament(별빛 등불들의 행렬이 … 창공처럼 빛이 발산된다)'이라고 번역하였다. 그런데 나는 프랑스어에서 발산되다(émaner)라는 동사는 능동사가 아님을 알고 있다. 따라서 창공(firmament)이 빛이 발산된다고 할 것이 아니라, 빛이 '창공으로부터 발산된다(emaner de…)'고 해야 할 것이다. 그러나 이렇게 번역하면 이미지는 어떻게 되겠는가? 최소한 나의 번역에서 독자들은 영어의 정수를 엿볼 수 있으며 영어와 프랑스어에서의 동사의 격 차이를 알게 된다.

… 앞서 말한 것처럼 나는 고어들을 사용하였다. 원문을 더 충실하게 전달하기 위해 새로운 고어들을 만들어냈다. 이러한 파격은 특히 부정어(否定語)들을 대상으로 하였는데 inadorée, imparité, inabstinence[25] 등이 그 예이다."[26]

---

25) [역주] inadorée, imparité, inabstinence라는 단어는 각각 프랑스어의 adorée(사랑받는), parité(동등), abstinence(절제)라는 단어들에 부정 접두사 'in-'을 붙여 만든 것으로 본래 프랑스어에는 없는 말이다.

26) *Op. cit.*, pp.114-115; pp.113-114; p.117. 샤토브리앙이 영어의 sky를 프랑스어로 ciel이 아닌 더 품격 있는 firmament으로 번역했음을 알 수 있다. 이러한 것이 바로 왜곡 체계의 위력으로 심지어는 의식적으로 왜곡에 맞서는 사람에게서도 이러한 왜곡이 발견된다.

신조어와 직역성의 차원

동일한 지향이 가진 두 가지 측면이라고 할 수 있는 의고(擬古)주의와 신조어 사용에 대해 잠깐 생각해보자. 샤토브리앙은 이를 다음과 같이 설명한다.

"밀턴의 작품에는 어떤 영어 사전에서도 찾을 수 없는 500개에서 600개의 단어가 들어 있다. 존슨(Johnson)은 이 위대한 시인에 대하여 다음과 같이 설명한다.

'*Through all his greater works there prevails a uniforme preculiarity of diction, a mode and cast of expression which bears little resemblance to that of any former writer, and which is so far removed from common use, that an unlearned reader, when he first opens his book, finds himself surprised by a new language … Our language, says Addison, sunk under him.*'[27)]

밀턴의 모든 대작들 속에는 이전의 다른 어떤 작가들에게서도 찾을 수 없는, 일상적 사용과는 지극히 동떨어진 화법과 표현과 말투들이 있어서 문외한인 일반 독자들이 처음 그의 책을 펼치게 되면 그 언어의 생경함에 놀라게 된다. 애디슨(Addison)이 말한 것처럼, 우리의 언어는 그의 아래로 무너져 내린다."[28)]

---

27) [역주] 원문에서는 영어 원문과 프랑스어 번역을 나란히 제시하고 있으나, 여기서는 영어 원문만 그대로 싣고 샤토브리앙의 프랑스어 번역은 한국어로 옮겨 싣는다.

28) *Op. cit.*, p.117.

직역은 필연적으로 신조어를 만들어낸다. 이 사실에 여전히 놀라는 것 자체가 오히려 더 놀라운 것이다. 왜냐하면 모든 위대한 번역은 원문에 신조어가 없을 때조차도 풍부한 신조어를 만들어내기 때문이다. 아미요(Amyot)는 플루타르크를 번역하면서, '원자(atome)', '열광(enthousiasme)', '지평(horizon)', '리듬(rythme)', '부패(gangrène)' 등 수백 가지의 신조어들을 서슴없이 만들어내었으며, 이후 이 어휘들은 프랑스어 속에서 일상적인 것이 되었다. 프랑스에 진정한 『오디세이아』[29] 번역이 아직 없는 이유는 부분적으로는 호메로스 특유의 수식어들을 번역해내기 위한 새로운 형용어들을 만들 엄두를 못 냈기 때문이다(반면 브라질인들은 『오디세이아』를 번역하며 기꺼이 이 일을 해내었다).

그러나 직역성이라는 것이 단지 프랑스어 통사에 폭력을 가하거나 신조어를 만들어내는 것에 국한되지는 않는다. 직역성은 원문에 내재되어 있는 불명확함(obscurité)을 번역문에서 그대로 유지하는 것이기도 하다.

> "나는 「요한계시록」이나 예언서들에서 빌려온 묘사들, 예를 들어 '옥좌 앞 유리바다'나 '바퀴 속에 또 바퀴가 돌고' 등을 더 이해 가능한 것으로 만들었다고 장담할 수는 없다. 이러한 묘사들의 의미를 좀 더 명확히 하려면 절반 이상을 잘라내야 했을 것이다. 나는 이 모든 것을 한 단어 한 단어 엄격하게 옮겨 새로운 스웨덴보그들[30]이 나타나 이것을 쉽게 풀어낼 수 있도록 자유로운 해석의 여

29) [역주] 우리나라에는 여러 번역본이 나와 있으나 그리스어 원전 번역으로는 『오뒷세이아』(천병희 옮김, 도서출판 숲, 2006)가 있다.

30) [역주] 엠마누엘 스웨덴보그(Emanuel Swedenborg, 1688-1772). 스웨덴

지를 남겨두었다.

… 종종 내가 번역한 페이지들을 다시 읽다 보면 불명확하거나 질질 끄는 듯한 느낌이 들어 다시 손보려 했다. 그런데 장문(長文)이 견고하고 우아하고 명확해지고 나면, 밀턴이 아닌 비토베[31]를 만나게 되는 것이었다. 명료해진 나의 산문은 평범하고 인위적인, 고전주의 장르의 어느 글에서든 쉽게 찾아볼 수 있는 것이 되었다. 결국 나는 처음 번역한 것으로 되돌아오게 되었다. 불명확함이 극복하기 어려운 것일 때, 나는 그것을 그대로 남겨두었다. 이 불명확함을 통하여 사람들은 다시금 신을 느끼게 될 것이다."[32]

샤토브리앙에게서 놀라운 것은 원문에 가해지는 수많은 왜곡체계들을 낱낱이 감지하고 있었다는 점이다.

"그러나 번역자들은 독특한 고정관념이 있다. 번역자들은 복수를 단수로 바꾸고, 단수는 복수로 바꾸며, 형용사는 명사로, 관사는 대명사로, 대명사는 관사로 바꾼다.

밀턴이 바람, 나무, 꽃, 폭풍우라고 쓰면, 번역자들은 이를 바람들, 나무들, 꽃들, 폭풍우들로 바꾼다. 밀턴이 온유한 정신(esprit doux)이라고 쓰면, 번역자들은 정신의 온유함(douceur de l'esprit)이라고 쓴다. 밀턴이 그의 목소리(sa voix)라고 쓰면, 번역자는 목소리(la voix)로 옮긴다. 물론 이러한 것들은 지극히 사소한 것들이다. 그러나 이러한 변화들이 반복되면 종국에는 시 전체에 엄청난

의 종교가.

31) [역주] 비토베(Paul-Jérémie Bitaubé, 1732-1808). 프랑스의 문인. 호메로스의 『오디세이아』 프랑스어 번역자로서 원문에 구애받지 않은 자유로운 번역으로 알려졌다.

32) *Op. cit.*, p.112; p.114.

왜곡이 생기게 된다. 이러한 변화들은 진부한 문장론에 집착한 나머지 밀턴의 천재성에 상투성을 부여하고 만다."[33]

따라서 번역자 샤토브리앙은 『실낙원』 원문에 드러나는 고유한 특징인 행위와 감정의 명사화까지도 존중하고자 한다(이는 클로소프스키의 서사적 말하기에 대한 인식으로부터 멀지 않다).

"밀턴의 문체만큼 비유적인 문체는 없었다. 이브에게 **처녀다운 당당함**이 있었다고 말하는 대신 **처녀다운 당당함**이 이브 속에서 발견된다고 말한다. 아담이 불안했다고 말하는 대신 **불안**이 아담에게 영향을 끼치고 있다고 말한다. 사탄이 이브를 우연히 만났다고 말하는 대신 사탄의 **우연**이 이브를 만났다고 말한다. 아담은 이브가 자리를 비우지 못하게 한 것이 아니라 아담이 이브의 **부재**를 억제한다고 말한다."[34]

라틴성과 기독교성의 범주에 속하는 모든 것들이 엄격하게 고려된다.

"내 번역문에는 성직자 회의(synodes), 기념비(mémoriaux), 암송된(recordés), 공의회(conciles) 등의 단어가 등장하는데, 이는 번역자들이 감히 사용하지 못하고 회의들(assemblés), 표지들(emblèmes), 상기된(rappelés), 평의회(conseils) 등으로 바꾸어 번역했던

---

33) *Ibid.*, p.116. 이러한 미세한 감지는 산문가로서의 샤토브리앙의 면모를 보여준다. 그는 그 어느 누구보다도 산문의 풍부한 수목(樹木)적으로 뻗어 나가는 본질(essence arborescente)을 더 잘 알고 있었다.

34) *Ibid.*, p.118.

단어들이고 나는 그것이 옳지 않다고 생각한다. 밀턴의 머릿속에는 종교적 개념과 종교적 논쟁들이 꽉 차 있었다. 예를 들어 악마들이 말하는 장면에서도 밀턴은 악마의 언어를 통하여 역설적으로 로마 교회 예식을 연상시킨다. 그리고 진지하게 이야기할 때에는 프로테스탄트 신학자들의 언어를 사용한다. 이러한 관찰에 이른 후 나는 밀턴 식 표현들을 엄격하게 번역해야 한다고 생각했으며, 그렇지 않을 경우 이 시인의 천재성의 일부를 이루는 종교적 측면을 느끼지 못하게 될 것이라고 생각했다.

… 내 생각에 기독교적 언어에서 도출된 또 다른 아름다움은 사탄으로 하여금 지고자(至高者, Très Haut)의 말투로 말하게 한 점이다. 그래서 사탄이 '내 팔'이라고 하는 대신 내 오른편이라고 말한다. 나는 이런 말투를 그대로 전달하기 위해 매우 주의를 기울였다. 이러한 말투는 어둠의 왕자가 가진 오만함을 훌륭히 드러내주기 때문이다.

밀턴이 천사들로 하여금 부르게 한 찬송가들은 성서에서 빌려온 것으로 그는 히브리어를 따르고 있는데 몇 개의 단어들을 따와서 각 절의 끝마다 후렴으로 반복케 하고 있다. 그래서 아담과 이브가 날이 밝을 때 부르는 찬가의 각각의 절은 '찬미(praise)'로 끝난다. 나는 이에 유의하였고 각 문장 끝에 [프랑스어의] 찬송(louage)이라는 단어가 오게 하였다. 앞선 번역자들은 이 말이 되풀이됨[35]을 알아채지 못한 듯, 이 서정적 하모니를 소실시켰다.

밀턴이 천지창조를 묘사할 때에는 「창세기」와 「창세기」의 영어 번역에서 사용된 언어들을 그대로 사용하고 있다. 그래서 나는 여기서 영어 번역본과 다소 차이가 나기는 하지만 사시[36]의 프랑스

---

35) *Ibid.*, p.117. '단어의 되풀이'. 여기서 샤토브리앙은 이러한 되풀이를 통해 창출된 원문의 체계성(systématicité)을 존중하고 있다.

36) [역주] 사시(Isaac-Louis Le Maistre de Sacy, 1613-1684). *Nouveau Testament de Mons*(1667)로 알려진 『신약성서』 번역판의 주요 번역자.

어 번역본의 동일한 대목을 인용하였다. 이토록 성스러운 내용과 관련해서는 나는 교회의 권위로 승인 받은 텍스트만을 사용해야 한다고 믿었다.”

영어 원문 텍스트의 짜임새를 존중하려는 노력은 통사적 차원에서도 가시적으로 느껴지는데 ‘when’, ‘whose’, ‘while’, ‘who’, 그리고 ‘so’ 등으로 복잡하게 연결된 밀턴의 문장들을 살리기 위해, 샤토브리앙은 프랑스어의 고전주의적 균형과 연결 규칙을 포기해가면서 이를 프랑스어 ‘quand(when)’, ‘dont(whose)’, ‘tandis que(while)’, ‘qui(who)’, ‘ainsi(so)’ 등을 통하여 전달한다. 동시에 라틴어 짜임(trame latine), 더 일반적으로는 모든 비(非)앵글로색슨적 짜임도 존중된다. 번역문의 언어는 어휘적, 통사적, 음성적 차원에서 이중적 직역성을 통하여 그 원문이 가진 영어성(anglicité)과 라틴어성(latinité)에 화답한다. 예를 들어 밀턴이 브르타뉴-켈트 지방어를 뿌리로 하는 고어인 ‘이회토(marle)’라는 단어를 사용할 때, 샤토브리앙은 동일한 기원을 가진 등가어인 프랑스어의 ‘marne’를 사용한다. 밀턴이 라틴어화하는 경향을 보이면, 샤토브리앙은 라틴어에서 파생된 말을 사용하거나, ‘inabstinence’[37]와 같은 라틴어풍의 신조어를 만들어내거나, 혹은 영어와 프랑스어의 공통분모에 속하는 의고(擬古)적 어휘들을 사용함으로써, 라틴어의 자매어인 영어와 달리 파생어인 프랑스어 안에서 이런 라틴어적 요소를 부각시킨다.

37) [역주] abstinence(절제)라는 단어에 부정 접두사 ‘in-’을 붙여 부정의 의미로 사용한 단어.

혁명

샤토브리앙은 본래부터 번역가는 아니었다. 그러나 그는 자신의 시도가 (프랑스에서) 얼마나 이색적인 시도였는지를 완벽하게 자각하고 있었다.

> "내 시도가 지나치게 불운하지만 않다면, [종래의] 번역하기의 방식에 매일 하나의 혁명이 일어나게 할 것이라고 바라는 것이 허락될까? 다블랑쿠르(d'Ablancourt)[38]의 시대에 번역은 '아름다우나 부정한 여인들'로 불렸다. 그 시대 이래로, 우리는 부정하면서도 꼭 아름답지만은 않은 수많은 번역들을 보았다. 이제 우리는, 비록 아름다움을 결하고 있다 하더라도 충실성에는 그만큼의 값어치가 있음을 알게 될 것이다."[39]

샤토브리앙의 입에서 '혁명'이라는 의미심장한 단어가 나온 것을 보면, 그 스스로도 프랑스 번역의 자민족중심적, 하이퍼텍스트적 전통과 결별함을 인식하고 있었다. (그의 번역이 가지는 한계와 무관하게) 그의 번역은 무엇보다도 (수준 높은) 모국어를 완벽하게 구사하는 저자의 온전한 통제력에 기반을 두고 수행되었다는 점에서 **모범적**이라고 할 수 있다. 샤토브리앙의 번역은 프랑스인들에게 프랑스 토양 위에서 수행된 횔덜린적 '전환(volte)'의 모범을 보여주고 있다. 이는 네르발(Nerval)이나 보들레르에게서 발견되는 천재적, 혹은 파격적인 '재창조'와는 다르다. 그보다는

---

38) 이 책 p.39 각주 4) 참조.

39) *Op. cit.*, p.119.

당시 프랑스에는 거의 존재하지 않았던, 힘겨운[40] (그리고 샤토브리앙이 끊임없이 강조하듯 배덕한) 문자번역 작업이었던 것이다.

제3의 언어

그러나 샤토브리앙의 번역은 번역하기라는 행위 차원을 파악하는 데 뭔가 결여적이고 진부했던 우리의 의식에 더 중요한 어떤 것을 시사하고 있다. 그것은 바로 번역하기의 활동이 두 언어 사이에서만 이루어지는 것이 아니며, 그 속에는 언제나 (다양한 방식으로) 제3의 언어가 개입하며, 제3의 언어 없이는 번역 활동이 이루어질 수 없다는 점이다.

샤토브리앙에게 있어서, 이 중재적 제3언어는 (전통의 일부이기도 한) 라틴어였다. 서구 번역에서의 라틴어의 역할은 여전히 연구되어야 할 대상으로 남아 있다. 여기서는 번역이 번역 언어(모국어) 외의 또 다른 언어와 맺는 관계, 그리고 이 또 다른 언어가 그 자체로 하나의 번역 언어이면서도 모국어보다 우위의 언어로 상정된 언어라는 점만을 짚고 넘어가고자 한다. 이 우위의 언어는 왕후(王后)적[41] 번역 언어이다. 이것은 매우 복잡한 차원

40) 샤토브리앙은 자신의 「단상」에서 번역하기의 고통에 대한 잊을 수 없는 글을 남긴다. 번역에 대한 어떤 성찰도 번역의 '고통'이라는 차원을 묵과할 수 없다.

41) [역주] 'reine'이라는 단어를 '왕후적'으로 옮겼는데, 여기서는 왕의 배후 즉, 밀턴의 영어 배후에서 막강한 영향력을 행사하는 안주인으로서의 라틴어를 이르는 말이다.

의 문제이다. 왜냐하면 일반적 글쓰기 역시 또 다른 왕후적 언어를 상정하며, 오랫동안 글쓰기의 왕후적 언어 역시 라틴어였기 때문이다.

말라르메와 새로운 왕후적 언어

글쓰기 및 번역이 이처럼 또 다른 왕후적 언어와 맺는 관계를 말라르메보다 더 잘 보여준 사람은 없다. 말라르메가 영어라는 언어에 지속적으로 매혹되었음은 이미 알려진 사실이다. 말라르메는 영어를 프랑스어로 번역하였으며 그의 시적 체험은 영어라는 언어에 대한 체험에서 큰 영향을 받는다. 이것은 상당히 당혹스러운 체험이었는데 그 이유는 (다른 이들에게 라틴어가 그렇듯) 하나의 다른(autre) 언어로서의 영어가 가진 실제의 혹은 상상 속의 '모방적(mimologique)' 자질들이 말라르메의 관심을 끌었기 때문이며, 다른 한편으로는 영어가 프랑스어로부터 완전히 분화되지 않은 언어였기 때문이다. 따라서 영어는 진정한 '낯선' 언어가 아니었으며, 말라르메에 따르면, 오일어(북방 프랑스어)와 앵글로 색슨어의 유산이 뒤섞이되 완전히 하나로 융화되지는 않은 채 공존하는 두 겹의 언어인 것이다.[42] 이것은 말라르메에게 있어서 '영어-프랑스어 이중구조'였다. 말라르메는 영어 속에서 프

42) 말라르메는 순전히 소리 나는 대로 번역한 아래의 (대중적) 번역 사례에 매혹되어 이를 소개한다. 이는 어떤 여인숙의 간판이다.

Le chat fidèle(충실한 고양이)

The cat and the fiddle(고양이와 바이올린)

Gennette, *Mimologiques*, Le Seuil, Paris, 1976, p.259에서 인용.

랑스어를 다시 만났으며, 이를 다음과 같이 표현한다.

> "자신의 언어가 아닌 다른 언어를 말해야 하는 낯선 의무로 거북해 하는 우리말들"[43]

이렇듯 [프랑스어와] 다르면서도 같은 언어인 영어는 말라르메에게 더 실체적인, 더 도상(圖上)적인, 때론 그가 꿈꾸던 '질료적으로 진리'인 언어에 더 근접한 언어로 보였다.

한마디로 샤토브리앙과 달리 말라르메는 영어가 하나의 왕후언어로서 라틴어를 대체했다고 생각했다. 시대적 징후일까!

다언어 번역

문학적 글쓰기가 모국어의 기원이 되는 언어이자 동시에 모국어에 이상적으로 스며들어 섞인 언어, 위계적으로 [모국어보다] 더 우위에 있는 또 다른 언어의 지평 속에서 전개된다면, 번역가의 글쓰기는 왕후적 언어의 지위를 점하는 제3의 언어의 지평 속에서 전개된다. 전자가 모국어 안에서의 글쓰기를 가능케 한다면 후자는 모국어 안에서의 번역을 가능케 한다. 이로 인해 모든 번역은 다(多)언어적 성향을 가지고 있으며 따라서 번역가는 여러 개의 언어를 번역하거나 여러 개의 언어 속에 거주함으로써 다언어 번역자가 되는 것이 중요하다. 독일의 보스, 슐레겔, 횔덜린, 슈테판 게오르게, 첼란 등이 그러했듯이, 그리고 프랑스의 클로소프스키,

43) *Ibid.*, p.260.

드기, 로뱅, 레리스, 자코테(Jaccottet) 등이 그러했고 또 그러하듯이 말이다. 번역은 이렇듯 서로 접촉하는 두 언어 사이의 관계를 매개하는(médiatiser) 제3의 언어의 숨은 역할이 없이는 온전한 방식으로 이루어질 수 없다. 번역 언어인 모국어는 아마도 제3의 언어 없이는 다른 언어에 스스로를 온전히 열어낼 수 없을 것이다.

제 6 장
클로소프스키의 『아이네이스』

진정한 그 행보 때문에 모습을 드러낼 여신이
(Et uera incessu patruit dea)

피에르 클로소프스키가 『아이네이스』의 번역을 출판한 것은 1964년이었다. 당시 이 번역은 상당한 반향을 일으켰다. 몇몇 문헌학자들과 폴안(Paulhan), 칼루아(Caillois), 주브 등의 문인들은 부정적 반응을 보였고, 드기, 레리스, 푸코, 피콩(Picon), 브리옹(Brion)을 비롯한 더 많은 사람들은 프랑스의 (심지어 서구의) 번역사에 획을 긋는 사건으로 여기며 환호하였다. 그 당시만 해도 이러한 예찬론자들은 자신들의 평가가 얼마나 적절한 것인지 자각하지 못하고 있었다. 오늘날 우리는 클로소프스키의 『아이네이스』 번역 논쟁이 동일한 작품을 대상으로 16세기에 일어났던, 어떤 의미에서는 문학과 번역의 운명을 결정지은 논쟁의 재연임을 알고 있다. 이는 클로소프스키의 작업을 이중으로 '역사적'으로 만드는 요소이다.

(규칙을 벗어난) '극단적' 시도로 간주되었음에도 불구하고 이 새로운 『아이네이스』 번역은 프랑스의 번역가들에게 영향을 주었다. 레리스, 자코테, 드기, 메쇼닉 등만 떠올려보아도, 『아이네

이스』 번역이 이들의 번역 실천을 다양한 강도로 변화시켰음을 알 수 있다.

번역자

발튀스[1)]의 동생인 피에르 클로소프스키는 작가이면서 수필가, 화가이면서 번역가였다. 클로소프스키는 릴케, 니체, 카프카, 횔덜린, 하만, 하이데거, 비트겐슈타인, 수에토니우스[2)]를 번역하였으며, 따라서 언어 측면에서나 작품 측면에서 공히 다중적 번역가(polytraducteur)였다. 그리고 푸코가 강조한 바와 같이, 번역가 클로소프스키의 작업은 작가 및 수필가로서의 클로소프스키의 작업과 긴밀한 관계를 맺고 있으며, 작가 및 수필가로서의 그의 작업의 특징 중 하나가 바로 '양면성(double)'이다.

왜 『아이네이스』인가?

1964년 당시 이 번역으로 야기되었던 수많은 반응들 중, 우리가 출발점으로 삼을 만한 물음이 있으니, 그것은 바로 왜 20세기 후반에 베르길리우스를, 더구나 『아이네이스』를 번역했느냐는 것이다. 클로소프스키의 번역을 분석하는 것은 단지 어떻게 번역하였는가를 우선적으로 고찰하는 것이 아니라, 왜 번역하였는가를 분석하는 것이기도 하다. 사실 '어떻게'의 문제는 '왜'의 문제에

1) [역주] 발튀스(Balthus, 1908-2001). 프랑스의 화가.

2) [역주] 수에토니우스(Suetonius, 69?-122?). 로마의 역사가, 전기 작가.

종속되어 있다.

왜 베르길리우스인가? 왜 『아이네이스』인가? 그토록 방대하고 섬세한 작업을 왜 그토록 오래전의 저자를 재번역하는 데 할애하였으며, 그리고 왜 하필이면 우리와 가장 관련이 적어 보이는 작품을 선택하였는가? 이 질문은 그 자체로서도 중요하지만, 우리에게도, 그리고 우리가 따르고자 하는 성찰의 행로에 있어서도 중요하다. 베르길리우스(혹은 밀턴)의 작품보다 더 우리와 가까운 작품들을 통하여 직역의 진리에 접근할 방법은 없었을까? 베르길리우스를 번역하는 것은 우리에게 거의 낯선 것이 되어버린 특정 언어(여기서는 라틴어)와 지나치게 밀착된, 지나치게 특수하고 학자적인 사례가 아닌가? 수세기를 거쳐 오면서 우리가 (정당하게 혹은 부당하게) 폐기시켜버린 라틴어에 지나치게 밀착된 사례가 아닌가? 이러한 일련의 질문들에 대한 답변을 시도해보자. 그러려면 우리는 다음과 같이 물어야 할 것이다. 이러한 작품, 즉 이러한 서사시를 번역한다는 것은 어떤 의미인가? 그리고 오늘날의 우리에게 그러한 번역이 의미를 가지려면, 그 번역은 어떻게 수행되어야 하는가?[3)]

---

3) 여기서 나는 『아이네이스』의 번역이 16세기의 전통, 다시 말해 『아이네이스』의 수많은 부분역들과 (Louis des Masures의 번역과 같은) 전체역들, 그리고 모방작들이 탄생했던 당대의 전통 속에 위치한다는 사실은 (거의) 제쳐놓고 있다. 클로소프스키의 번역 작업이 가지는 이러한 역사적 차원, 프랑스적 차원에 대하여 나는 이 세미나가 진행되던 당시에는 알지 못했다. 그러나 클로소프스키의 번역을 16세기의 번역들과 대조해 보는 것도 유익한 작업일 것이다. 그리고 이 번역을 하나의 반복, 혹은 다시 열기(réouverture)로 보는 것도 유익할 것이다.

우선 베르길리우스의 작품인 『목가(*Bucoliques*)』와 『게오르기카(*Georgiques*)』가 20세기에 이르러 발레리와 파뇰(Pagnol)에 의해 (재)번역되었음을 지적하고자 한다. 이는 이 작품들이 다시 번역될 정도로 시대의 감수성에 부응하였다는 것이다. 그러나 베르길리우스가 소위 '단테의 안내자'[4]가 될 수 있었던 것은 오로지 『아이네이스』 때문이다. 조이스의 『율리시즈』를 통해 『오디세이아』가 하이퍼텍스트적으로 계승된 것처럼, 『아이네이스』 역시 우리 시대 역작 중의 하나인 헤르만 브로흐의 『베르길리우스의 죽음』을 통하여 계승되었다. 이 작품은 베르길리우스가 임종을 앞두고 『아이네이스』를 불태우라고 요구했다는 충격적인 사실을 바탕으로 시인의 임종 전 24시간을 그리고 있다.

위의 두 위대한 고대 서사시가 근대의 가장 야심 찬 두 작품의 탄생에 기여했다는 사실은 이 두 서사시가 지속적으로 그 빛을 발해왔을 뿐 아니라 가장 현대적인 문학이 이 두 서사시를 통해 재충전할 필요를 느꼈음을, 그리고 오래전의 서사적, 신화적인 근원과 맞닿을 필요를 느꼈음을 보여준다. 블랑쇼는 『미래의 책(*Le Livre à venir*)』[5]에서 이를 훌륭히 지적하고 있다.

> "레오폴드 블룸(Leopold Bloom)[6]의 이야기를 『오디세이아』의 맥락에서 읽어야 하는 것과 마찬가지로, 아드리안 레버퀸(Adrian

4) [역주] 단테의 『신곡』에서는 로마 시인 베르길리우스가 지옥과 연옥의 안내자로 등장한다.

5) [역주] 우리나라에는 『미래의 책』(최윤정 옮김, 세계사, 1993)으로 번역, 출간되었다.

6) [역주] 조이스의 대표작 『율리시즈』의 주인공인 유대계 광고업자이다.

Leverkühn)은 파우스트 박사의 부활이며, (토마스 만의) 『야곱 이야기』[7]가 이야기의 줄거리를 그의 젊은 시대의 신화적 원천으로 데려가기 위한 시도인 것처럼, 브로흐는 우리에게 가까우면서도 멀었던 세계를 토대로 한 우리 자신에 대한 이야깃거리를 고대의 이름과 고대의 전설에게 구하였다."[8]

근원에 가 닿고자 하는 이러한 욕구를 우리는 20세기를 특징짓는 대대적인 재번역 운동 속에서 재차 확인할 수 있다. 재번역은 그 구조적 측면들과는 별개로, 항상, 무엇보다도 역사적인 운동이다. 오늘날 왜 그리스와 로마, 성경, 스페인 황금시대의 시인들, 단테, 엘리자베스 시대 문인들을 재번역하는가? 더욱이 서양의 번역 전통과 전적으로 다른 번역 방식에 대한 필요(이 점은 핵심적이다) 속에서 재번역하는 이유는 무엇인가? 판비츠와 알랭이 말한 것처럼 뒤늦게 도래한 우리의 언어들을 신선하고 낯선 언어들의 뜨거움에 노출시키려는 필요를 가지고, 그러한 언어들의 타자성과 태고(太古)성의 무게에 노출시키려는 필요를 가지고 재번역을 하는 이유는 무엇인가? 또한 이러한 필요들은 어디서 비롯되는 것인가?

전적으로 근대적 성격의 재번역 운동이 시작되는 것은 우리의 종교적, 철학적, 문학적, 시적 토양을 이루는 작품들, 즉 호메로스나 플라톤, 라틴의 엘레지 시 등 우리가 느끼고 존재하는 방식에 결정적인 변화를 가한 작품들, 그럼에도 불구하고 수세기를 전해

7) [역주] 토마스 만의 『요셉과 그 형제들』 중 1편.

8) Gallimard, coll. "Idées", Paris, 1959, p.183.

내려오면서 그들의 고유한 명성으로 인해 소진되어버린 작품들에 대한 접근로를 다시 열고자 하는 순간이다. 근대의 재번역은 모국(母國)을 찾아가는 기억(mémoire rapatriante)이다. 왜냐하면 이 작품들이야말로 중세에서부터 고전주의 시대에 이르기까지 오랫동안 우리의 문학 창작을 제왕적으로 지배해왔기 때문이다. 또한 끊임없이 모방되고 개작되면서 자유로이 번역되어 왔기 때문이다. 『일리아스』의 프랑스어판 후계자 — 게다가 불행한 후계자 — 라 할 수 있는 『라 프랑시아드(*La Franciade*)』와 『라 앙리야드(*La Henriade*)』, 혹은 독일의 클롭슈토크의 『라 메시아드(*La Messiade*)』를 떠올려보자.

그런데 19세기에는 이러한 오랜 모방적 전통에 대한 이중의 붕괴가 일어났다. 이는 두 개의 획기적 사건에 기인한다.

첫째, 문학(그리고 문화 전반)이 우리에게 근원과 모델을 제공하는 전통들과 점진적인 단절을 이루게 되었는데, 이러한 단절은 랭보의 "결단코 근대적이어야 한다"는 말로 잘 드러난다. 이제 소위 '고전'이라 불리는 위대한 텍스트들은 폐기되거나 혹은 패러디의 대상이 되었다(로트레아몽).

둘째, 성경을 포함한 모든 '토대적' 텍스트들을 대상으로 문헌학의 위력이 강화되었다.

문헌학의 위력

19세기의 문헌학은 텍스트 비평 및 텍스트 '확립'을 통하여 전통 속의 위대한 텍스트들로의 접근을 장악하게 된다. 이 본질적 사건을 이해하지 못하고서는 클로소프스키의 번역을 이해할 수 없으므로 이 사건에 대해 잠시 살펴보고자 한다.

문헌학은 텍스트를 확립하고 확정(예를 들어 정전(正殿)이 아닌 부분을 제거하는 등의)하는 일만 하는 것이 아니다. 문헌학은 텍스트에 '주석란'을 곁들여 번역을 출판하기도 한다. 프랑스의 경우 그리스 및 라틴 작가들의 뷰데판 선집(Collection Budé)이 이에 해당되며, 좀 낮은 강도로 오비에 몽테뉴(Aubier-Montaigne) 출판사의 독일어, 영어, 스페인어 선집도 여기에 해당된다. 이 번역들에는 문학적 야망이 없다. 단지 텍스트의 의미를 복원해내고자 할 뿐이다. 구체적으로 이는 일정 정도의 '직역성'을 통해 드러나거나 혹은 (의미 왜곡 없는) 정확한 단어 대 단어 번역을 통해 '텍스트에 좀 더 밀착하려는' 노력으로 드러난다. 문헌학자는 '우아'하거나 '시적'이려 하지 않고 단지 (번역어 측면에서) 적절하고 (원문 텍스트에 대해) 정확하려 할 뿐이다. 문헌학자는 원문 언어에 대한 정확한 지식을 토대로 하여 최대한 정확하게 확립된 텍스트에 대한 최대한 정확한 번역을 제공하고자 할 뿐이다. 이 모든 것은 잘못 확립된 텍스트를 토대로 이루어진 자유로운(부정확한) 전달에 머물렀던 기존의 번역들에 대한 반작용이다.

문제는 애초에 정확성을 지향하면서 겸허함을 표방하고 시작되었던 이러한 작업이 갈수록 과학성이 주는 특권들을 권위적으로 과시하게 되면서, 애초에 그러한 지향을 가지지 않는 다른 번역 방식들을 폄하하게 되었다는 것이다. 이리하여 문헌학은 비전문가들이 수행한 번역을 아래로 내려다보았다. 그런데 무엇의 비전문가란 말인가? 이는 번역의 비전문가를 의미하는 것은 아니다.

번역 전문가란 따로 있는 것이 아니기 때문이다. 그보다는 고대 혹은 이국의 특정 분야의 언어나 텍스트의 전문가가 아니라는 의미이다. 이리하여 19세기에서 20세기에 이르러, 그리스, 라틴, 영국, 스페인, 독일, 동양의 위대한 고전 텍스트들의 대대적인 번역은 문헌학자들의 전유물이 되었으며, 최근에는 소위 '외국어 전공자나 문학 전문가들'만이, 전문가들이 '아마추어'[9]들의 번역에서 즐겨 골라내는 위(爲)의미(faux sens)나 반(反)의미(contresens) 없이 신뢰 가능한 수준으로 번역할 만한 충분한 '교육'을 받은 유일한 사람들로 간주되었다. 문헌학은 고전의 번역에 대해 독점권을 누리는 것에서 한 발 더 나아가 고전에 대해 논평할 권리마저도 독점한다. 번역된 텍스트에는 주석란뿐 아니라 독자에게 해당 작품의 '의미'를 지시해주고 작품을 '역사적으로' 위치시키기 위한 각주들이 덧붙여진다. 이런 측면에서 볼 때, 문헌학이 고전 작품들에 대한 접근을 전적으로 장악하고 있었음은 명백해 보인다. 문헌학은 다른 번역 방식들을 배제하지 않으나 교묘한 방식으로 폄하한다. 문헌학적 번역에 속하지 않는 번역 중에는 우선 시인들과 작가들에 의한 자유로운 번역이나 재창작물 등이 있으나 여기엔 소위 '학문적 진지함'이 결여되어 있어 문헌학적 번역과 경

---

9) 내가 최근에 이사벨 베르만(Isabelle Berman)과 함께 번역한 아르헨티나 작가 로베르 아를트(Robert Arlt)의 소설 *Le Jouet enragé* 에 대해서도 한 전문가가 우리가 의도적으로 문자성을 살리기 위해 선택한 번역임을 모르고 '오류'들로 지적하였다. 그리고 이 '전문가'는 우리가 번역 작품들에 대한 서문을 쓴 것에 대해서도 나무랐다. 이러한 비평 담론은 제도권적 지식의 전유물이었으므로 이들 '전문가들'이 보기에 번역가는 발언할 권리가 없는 것이다.

쟁이 될 수 없다. 하이퍼텍스트적 창의성의 (하위) 산물들인 이러한 번역들은 문헌학적 번역의 쌍둥이 형상(푸코)이다. 네르발의 『파우스트』나 보들레르가 번역한 에드가 앨런 포가 여기에 해당된다. 이 밖에는 문헌학적으로 이루어진 '단어 대 단어' 번역을 토대로 하되, '비전문가들'을 위해 윤색된 번역들이 있다. 동일한 문헌학자가 한 작품에 대한 두 개의 번역을 제시할 수 있는데, 하나는 '비평적' 성격을 띠지만 '가독적'이지는 못한 버전이며, 하나는 '일반 대중'을 위해 '다듬은' 번역이다(레옹 로뱅(Léon Robin)의 플라톤 번역이 여기에 해당된다). 예를 들어 벨소르(Bellessort)가 번역한 『아이네이스』에서는 원문의 Dis를 Pluton으로 바꾼다.[10] 비용(Villon)이나 라블레(Rabelais) 작품의 '현대식 버전'에도 동일한 기제가 작동한다. 문헌학의 전성시대에 등장한 이러한 세 가지 번역에 덧붙여 네 번째 번역으로 박학(博學)적 번역(traduction érudite)이 추가되는데 이는 번역과 문헌학에서 모두 활개를 치는 두 경향, 즉 전체화(totalisation)의 경향과 전능화(omnipuissance)의 경향의 교차로에서 발생하는 비정상적 현상이다. 문헌학자가 모든 언어, 모든 작품을 알고 싶다는 유혹을 느끼

---

10) 더 '문헌학적' 성향의 페레(Perret)는 원문의 Dis를 그대로 남겨둔다.
[역주] 디스(Dis)는 라틴어로, 그리스 신화에서 지하세계(저승)의 신 하데스(Hades)의 로마식 이름이다. 플루톤(Pluton)은 그리스어로, 그리스 신화에서 하데스의 별명으로 '부유한 자'라는 뜻이며, 로마인들은 이를 '플루토(Pluto)'라고 불렀다. 즉 하데스의 라틴 이름은 디스이며, 그 별명인 플루톤(그리스어)은 플루토(라틴어)로 바뀌었다. 디스는 함부로 부를 수 없었으므로, 로마에서도 '플루토'가 더 많이 불렸고, 영어에서도 이것이 남았다.

는 것처럼, 번역가 역시 모든 것을 번역하고, 가능한 모든 방식으로 번역하고 싶다는 유혹을 느낀다. 여기에는 특정 시기에 번역되지 않았던 어떤 작품이 그 시기에 번역되었다면 어떻게 번역되었을지를 상상하여 번역해보고 싶다는 유혹도 포함된다. 단테의 작품을 각각 프로방스어, 독일 고어, 프랑스 고어로 번역한 리트레(Littré), 보르하르트(Borchardt), 페자르(Pézard)의 시도가 여기에 해당된다. 이러한 고답주의적인 (그리고 상당히 인상적인) 번역들은 스스로를 '넘어서려는' 문헌학적 정신의 전형적 모습이다.

그러나 어떤 경우든 문헌학이 위력적일 경우 우리가 고전 작품들과 맺는 관계에 치명적 영향을 끼치게 되는데, 그 이유는 근본적으로 해독 불가능한 번역물들이 생겨나기 때문이다. 문헌학이 텍스트의 확립과 비평이라는 고유의 영역에 머물 경우 이는 정당한 것이며, 기존 고전 텍스트에 대한 고증본도 제공할 수 있다(횔덜린에게는 이러한 고증본이 없었다). 그러나 문헌학이 번역과 주해의 영역으로 들어와 활개를 치고 다니게 되면 참담한 결과가 초래된다. 왜냐하면 원전과 원문 언어에 대한 '정확한' 앎이 번역 능력과 주해 능력을 담보하는 것은 전혀 아니기 때문이다. 바로 그렇기 때문에 (사실 이는 새로운 것이 아닌데) 문헌학적 번역과 주석은, 적어도 실증주의적 문헌학의 경우, 극단적 빈약함을 그 특징으로 한다. 그 결과, 고전 텍스트들이 최초로 온전하게 접근 가능해지는 것과 동시에 처음으로 비가독적이고 지루하고 우리의 감성에 낯설어지는 것이다. 문헌학은 이렇듯 고전 텍스트들에 '방부 처리'를 하면서, 스스로도 인식하지 못한 채, 이미 다른 곳에서 문화적, 문학적 차원에서 진행되고 있는 전통과의 단절을 완수하는 것이다. 바로 그 순간(그리고 오직 그 순간에만), 과거 소위 '부정확한' 번역들을 통하여 모방되고 재창조되는 과정에서 우리와 생생한 관계를 맺어왔던 호메로스와 단테, 베르길리우스가 우리에게 이해 불가능한 것이 되어버린다. 물론 이러한 과정에는 예외도 있으니, 문헌학이 philo-logie, 즉 언어에 대한 사랑이라는 낭만적 기원을 망각하지 않고 편협한 박학주의에 빠지지 않았을 때가 그러하며, 독일의 스피처,[11] 샤데발트,[12] 라인하르트 등이 이에 해당된다. 이 위대한 학자들에게 문헌학은 빌둥의 공간 속에서 머물러 있다.

따라서 20세기의 재번역 운동은 문헌학이 고전 작품들 주변으로 쌓아올린 두터운 성벽에 부딪히게 된다. 이 문헌학에 맞서, 고전 작품들에 대한 접근로를 회복하는 것이 관건이었으며, 이는 탈(脫)문헌학적(a-philologiques), 혹은 전(前)문헌학적(pre-philologiques) 번역으로 회귀함으로써만 가능한 것이었다. 아니, 그보다는 문헌학이 쌓아온 성과들을 활용하여 기존의 문헌학적 번역들보다 심오하고 엄격한 의미에서의 '정확성'을 담보하는 번역, 원작품에 더 잘 부합할 뿐 아니라 원작품이 언어와 맺고 있는 관계에 더 잘 부합하는 생생한 번역을 제공하는 것이 목표였다. 단절된 전통을 되살리고, 번역과 전통 간의 오랜 관계를 복원시키는 것이 목표였다. 하이데거는 이를

11) [역주] 레오 스피처(Leo Spitzer, 1886-1967). 오스트리아의 로망어 학자이자 문헌학자.

12) [연주] 볼프강 샤데발트(Wolfgang Schadewaldt, 1900-1974). 독일의 고전 문헌학자.

"어떤 시대에 자신의 시간이 도래했을 때, 사유의 업적 또는 시(詩)의 업적을 옮겨내는 번역들"

이라 칭하였으며 이러한 경우

"… 번역은 단지 상호 침투에 머무는 것이 아니라 하나의 전통이 된다."13)

고 하였다. 이것은 우리가 문화적 근원, 문학적 근원과 맺는 관계 차원에서만 중요한 것이 아니다. 이는 동시대의 작품이건 아니건, '먼 곳'의 이국 작품과 맺는 관계 차원에서도 핵심적이다. 우리가 동방, 극동, 아프리카, 남미 문학들과 어떻게 비(非)자민족중심적 관계를 구축하느냐의 문제는 부분적으로는 우리가 우리 스스로의 근원과 어떤 관계를 맺느냐에 따라 규정된다. 바로 그러한 연유로 라틴 서사시의 번역이 프랑스 소설에서부터 시, 희곡에 이르기까지 프랑스의 문학작품 번역이라는 영역 전체를 뒤흔들어놓게 된 것이다. 나는 분명 '뒤흔들었다'고 했지 도그마적 모델을 제공했다고 말하지 않았다.

재번역의 지평

그런데 이렇듯 전통을 다시 여는 작업은 과연 어떤 지평에서

13) *Le Principe de Raison*, trad. A. Préau [개정판], Gallimard, coll. "Tel", Paris, 1983, [1992], p.213.

이루어져야 하는가? 문헌학적 번역의 큰 문제는 바로 지평이 없다는 데에 있다. 번역의 지평이라 함은 단순히 번역의 원칙만을 의미하는 것은 아니며, 번역하는 문화의 언어나 문학 속으로 일정 정도 닻을 내리는 것을 의미한다. 우리는 항상 자신의 언어나 문학의 특정한 상태를 토대로 하여 번역한다. 이리하여 이국의 낯선 시는 우리의 동시대 시를 바탕으로 번역된다. 20세기에 그리스 시들을 번역하면서 파르나스(Parnasse) 파[14]나 위고의 시를 토대로 해선 안 된다. 물론 이런 일이 빈번하다. 이것이 바로 에트킨트가 제안하는 번역이다.[15]

그런데 우리가 살펴보게 될 바와 같이, 클로소프스키의 번역을 특징짓는 것 중 하나는, 그의 번역이 말라르메에서 클로델, 생-존 페르스,[16] 초현실주의자들과 주브를 거쳐 본느프와에 이르기까지의 방대한 시적 지평을 토대로 수행되었다는 것이다. 물론, 클로소프스키가 위의 시인들을 번역에 활용했다는 의미는 아니다. 그러나 이 작가들이 열어놓은 시적 가능성이 없었다면, 그의 번역은 생각조차 할 수 없는 것이었다. 여기에는 메쇼닉이 성경 번역의 현재적(actuelle) 가능성과 관련하여 이야기한 바와 통하는 면이 있다.

---

14) [역주] 르콩트 드 릴(Leconte de Lisle)이 이끌었던 19세기 프랑스 시파(詩派)를 가리키는 말이다.

15) E. Etkind, Un art en crise. *Essai de poétique de la traduction poétique*, L'Âge d'Homme, Lausanne, 1982.

16) [역주] 생-존 페르스(Saint-John Perse, 1887-1975). 프랑스의 시인이자 외교관. 필명은 알렉시스 레제(Alexis Leger)이며 1960년 노벨문학상을 받았다.

> "고대의 언어가 주로 종속절과 외적 리듬으로 이루어진 반면, 근대의 시어는 성경이 가진 자음적 언어의 위력, 그 운율과 리듬의 패러다임들을 그대로 살려낼 수 있을 것이다. 이리하여 근대 프랑스어와 성경 텍스트들 사이의 일종의 일치가 이루어지는데, 이 일치를 포착해야만 프랑스어가 스스로를 재발견하고 창조해내게 만드는 이 운율 안에 자리 잡을 수 있다."[17]

이렇듯 시적 토양에 뿌리를 내리고 있는 번역은 시의 생성(devenir)을 좌우하게 되며 언어의 잠재적 가능성들을 시에게 보여줄 수 있다. 이것이 바로 번역과 글쓰기 간의 풍요로운 순환이다.

어떠한 직역성인가?

클로소프스키의 『아이네이스』에 관한 연구들을 읽다 보면, 거의 각 행마다 '직역성(littéralité)'이라는 단어가 등장한다.[18] 아마 사람들은 과감하고도 기발한 '단어 대 단어' 번역을 생각할지도 모르겠다. 그러나 실제로는 그렇지 않으며, 클로소프스키의 번역은 '단어 대 단어' 번역보다 훨씬 복잡하다. 클로소프스키의 직역성은 직역성의 본질을 밝혀내는 데 도움이 될 뿐 아니라 더욱 결정적으로는 모사(calque)와 직역성을 구분하는 유용한 예가 될 것

17) *Les Cinq Rouleaux,* Gallimard, Paris, 1970, p.10. 본느프와도 셰익스피어에 관하여 동일한 이야기를 한다.

18) 갈리마르(Gallimard) 출판사에서 펴낸 상당히 상세한 보도 자료만 살펴보아도 충분하다.

이다.

클로소프스키는 원문이 가진 두 가지의 구조적 특징을 염두에 두는데, 하나는 라틴어의 특징이며 다른 하나는 서사적 말하기의 특징이다.

미셸 푸코는 클로소프스키의 『아이네이스』에 관한 훌륭한 논문[19]에서 라틴어와 관련하여 다음과 같이 설명한다.

> "라틴어 문장 … 은 두 개의 법칙(ordonnance)에 동시에 따를 수 있다. 하나는 어미변화를 통하여 섬세하게 드러나는 통사의 법칙이며, 다른 하나는 전적으로 유연한 법칙인 어순의 법칙으로 라틴어 어순은 늘 자유로우면서도 절대 이유 없이 결정되지는 않는다."

라틴어는 당연히 프랑스어, 정확히는 고전 프랑스어 문어체와 명백히 대조를 이루는데 프랑스어 안에서는

> "통사가 어순을 규정지으며, 단어들의 연속은 보어나 목적어의 뼈대를 정확하게 드러낸다."[20]

다시 말해, 프랑스어에서는 어순이 자유롭지 않기 때문에, 예를 들어 명사는 거의 항상 형용사 앞에 오며 도치는 배제되는 등 (일반적으로) 정해진 규칙에 따른다. 우리는 이러한 구조가 '자연스러운' 것으로 여기지만 실제로는 그렇지 않다. 디드로는 이를 『정상인에게 바치는 농아자에 관한 편지(*Lettre sur les sourds et*

---

19) "Les mots qui saignent", *L'Express*, 29, août 1964, p.21.

20) *Ibid.*

muets à l'usage de ceux qui entendent et qui parlent)』에서 이미 지적한 바 있다.

> "사고의 자연스러운 순서에 따르자면 감각적 성질을 표현하는 형용사들이 먼저 온다. … 고대 언어에서 어순 도치라고 부르는 것이 우리의 언어에 더 이상 남아 있지 않은 이유는 아마도 페리파토스 학파[21] 때문일 것이다. 일반화를 덜 시켰던 고대인들 … 의 언어는 덜 단조로운 [문장] 흐름을 가지고 있었다. 아마도 어순 도치라는 단어 자체가 그들에게는 매우 낯선 것이었을 수도 있다."[22]

굴절어적 자질(어미변화)이나 문장 내에서 어순 문제를 비교해 볼 때, 프랑스어가 라틴어로부터 멀어진 것은 분명하다. 따라서 어떤 모사도 불가능해지며, 라틴어에서의 굴절성의 존재 자체가 모사를 부조리하게 만든다. 『아이네이스』의 유명한 아래 시구를 예로 들어보자.

> *Ibant obscuri sola sub nocte per umbram*
> *perque domos Ditis uacuas et inania regna*. (v. 268-269)[23]
> 그들은 희미하게 외로운 밤에 어둠을 통해서 가고 있었다.

---

21) [역주] 아리스토텔레스 학파를 페리파토스 학파라고도 불렀는데 이는 아리스토텔레스가 학도들과 산책하면서(페리파테인) 강의하고 논의한 페리파토스(산책길)에서 유래한 것이다.

22) Pierre Leyris, "L'*Énéide* restituée", *Mercure de France*, décembre 1964, pp.668-669에서 인용.

23) In l'*Énéide*, Livre Sixième, trad. J. Perret, Les Belles Lettres, Paris, [éd. 1989], p.52.

그리고 디스(저승신)의 텅 빈 집들과 헛된 왕국을 지나서

이를 '단어 대 단어'로 옮기면 프랑스어로 다음과 같은 문장이 된다.

"Ils allaient obscurs solitaires sous (la) nuit á travers (l')ombre et à travers (les) demeures de Dis vides et (les) royaumes inconsistants."

라틴어 원문에서 sub sola nocte라고 말하지 않고 형용사 sola가 전치사 앞에 와 있는 것을 프랑스어로 되살려내는 것은 빅토르 위고가 두려워했던 '파열'을 감수하지 않고는 불가능하다. 따라서 첫째, 라틴어의 굴절적 자질은 프랑스어로 전달될 수 없으며, 둘째, 라틴어 어순을 그대로 따르면 단어가 달라지므로 라틴어 단어끼리 서로 소리가 울려 생기는 조화를 담아내지 못한다. 바로 이러한 이유 때문에 기존의 전통적인 베르길리우스 번역에서는 프랑스어의 어순을 회복하여

sub sola nocte
외로운 밤에

로 마치 라틴어 작문을 하는 학생들처럼 복원해낸다. 페레(Perret)의 번역에서는 다음과 같이 옮기고 있다.

"Ils allaient obscurs sous la nuit solitaire parmi l'ombre, à travers les palais vides de Dis et son royaume d'apparences."[24]

에메 파트리(Aimé Patri)의 번역문은 훨씬 더 윤색하여 다음과 같은 번역을 제시한다.

> "Ils allaient dans l'obscurité, seuls dans la nuit,
> à travers l'ombre, dans les vides demeures de Pluton, les royaumes inconsistants."[25]

그런데 이렇게 번역할 경우 문제는 이러한 라틴어 단어들의 '자유로운' 놀이, 라틴어 단어들의 가지치기, 어순 도치, 미결 문장의 가능성이 서사적 말하기와 긴밀히 연결되어 있다는 점이다. 왜 그런가?

클로소프스키는 이를 자신의 짤막한 서문에서 다음과 같이 설명한다.

> "라틴어 산문뿐 아니라 운율에서 고유하게 보이는 붕괴된 통사의 모습은 늘 계산된 것이어서 바로 이러한 단어들의 의도적인 병치(그 충돌로 인하여 음성적 풍요로움과 이미지의 권위가 생산되는 그런 병치)가 바로 각 행의 형상을 이루는 시를 번역할 경우, 이것이 아무렇게나 뒤죽박죽된 것이라 여기고 우리의 문법적 논리에 따라 조정 가능한 것으로 다루어서는 안 될 것이다.
> 언어의 굴절적 특징으로 인하여 두드러지는 라틴어 단어의 음성

24) *Ibid.*

25) "Méditations poétiques", *Preuves*, no. 167, Paris, janvier 1965, p.84.

적 가치는, '굴절은 뒤에 남겨둔 채' 떨어져 나와 '가장 분석적인 언어' 중 하나가 된 프랑스어에서는 사라져버리게 된다(cf. Dauzat). 따라서 『아이네이스』 같은 텍스트를 번역할 때, 이 서사시를 전개해나가는 담화의 합리적 의미에만 머무르고자 할 경우 이 매혹적 장치들이 모두, 거의 모두 사라져버리게 된다. 마르몽텔(Marmontel)이 정확히 지적한 바와 같이, 서사시는 스토리로 기술되는 것이 아니라 행동을 모방(mimer)하는 것이다.

베르길리우스의 서사시는 사실 각 단어들이 인물들의 몸짓과 정신 상태를 모방하고, 또한 행동에 필요한 부수 장치들(accessoires)을 모방하는 방식으로 단어들이 배치된 하나의 극장이다. 태도를 취하는 것은 몸이 아닌 단어요, 서로 얼기설기 엮어지는 것은 옷이 아닌 단어들이며, 반짝거리는 것은 무기가 아닌 단어들이요, 울리는 것은 천둥이 아닌 단어들이고, 위협을 보내는 것은 주노 신(Junon)이 아닌 단어들이고, 웃는 것은 시테레아(Cytherea)가 아닌 단어들이고, 피를 흘리는 것은 상처들이 아닌 단어들이다. 주인공들의 몸짓과 감정들은 이렇게 이러한 유사성과 은유를 통하여 모방되어, 놀라운 일상성을 담고 있는 자연적, 초자연적 현상들을 규칙적 리듬으로 지시하게 된다."[26]

아리스토텔레스가 자신의 『시학』에서 기술한 것도 바로 이것이다. 즉, 예술은 자연을 '모방'하며, 따라서 미메시스[27]인 것이다. 그러나 만일 서로 다른 단어들 간의 관계, 서로 다른 문장들 간의 관계가 실재를 '베끼지(copier)' 않고 '모방(mimer)'하는 것이라면, 프랑스어의 규칙에 의거하여 서사적 말하기를 담화적으

26) L'*Énéide*, trad. P. Klossowski, Gallimard, Paris, 1964, p.xi.

27) 노발리스는 자신의 『독백(*Monologue*)』에서 언어가 스스로와 놀이할수록 더욱 자연을 '모방'한다고 말한다. 미메시스는 절대로 직접적이지 않다.

로 재배치할 경우, 그 모방적, 도상적 실체(substance mimetique et iconique)는 손실된다.

결론적으로 서사시는, 모사(calque)가 불가능한 상황에서 번역 불가능한 것이 되며, 이것이 바로 라틴 문헌학 전문가 쿠르티우스[28)]의 말이다.

> "『오디세이아』는 번역을 통해 맛볼 수 있으나 『아이네이스』는 그렇지 않다. 심지어 로망어들로도 맛볼 수 없다. 베르길리우스는 단테와 마찬가지로 본질적으로 번역 불가능하다."[29)]

그렇다면 클로소프스키의 작업은 어떤 의미를 가지는가? '그럼에도 불구하고' 모사(calque)를 했다는 의미인가? 그의 서문에서 몇 줄을 더 읽어보자.

> "바로 그러한 이유로 우리는 그 무엇보다도 원문의 짜임(texture)을 따르고, 베르길리우스의 언어 유희들을 암시하고자 하였다."[30)]

이러한 '암시'이라는 것은 무엇인가? 클로소프스키가 앞서 인용한 두 행을 어떻게 번역했는지를 살펴보자.

---

28) [역주] 에른스트 로베르트 쿠르티우스(Ernst Robert Curtius, 1886-1956). 독일의 문예평론가. 마르부르크대학교, 하이델베르크대학교, 본대학교 교수를 지냈다. 고대부터 중세를 거쳐 근대에 이르는 유럽의 문학적 전통을 추적한 『유럽 문학과 라틴적 중세』(1948)를 썼다.

29) M. Lobet, "Virgile non travesti", *Le Soir*, 3 septembre 1964에서 인용.

30) *Op. cit.*, p.xii.

"Ils allaient obscurs sous la désolée nuit à travers l'ombre,
à travers les demeures de Dis vaines et les royaumes d'inanité."[31)]

굳이 라틴어 문헌학 전문가가 아니라도, 위의 번역이 엄격한 '단어 대 단어' 번역이 아니라는 것은 금방 알 수 있다. 라틴어의 sola sub nocte는 프랑스어로 sous la désolée nuit가 되고, 더욱이 라틴어의 sola(적막한, 고독한)는 ('demeures' 및 'dis'와의 두운을 맞추기 위하여) désolée(황량한, 쓸쓸한)로 옮겼다. 첫째 행과 둘째 행을 연결하는 que(et)는 삭제되고, '텅 빈'이라는 의미의 uacuas는 '헛된(vaines)'으로 번역되며, 형용사인 inania는 '부질없음(inanité)'으로 옮겨져서 말라르메의 "aboli bibelot d'inanité sonore"[32)]를 연상시킨다. 이러한 직역성과 의역성의 혼재는 무엇을

31) *Ibid.*, p.162.

32) [역주] 스테판 말라르메(Stéphane Mallarmé, 1842-1898)의 시 "Ses purs ongles…"에 등장하는 문구이다.

Ses purs ongles très haut dédiant leur onyx,
L'Angoisse, ce minuit, soutient, lampadophore,
Maint rêve vespéral brûlé par le Phénix
Que ne recueille pas de cinéraire amphore

Sur les crédences, au salon vide : nul ptyx
Aboli bibelot d'inanité sonore,
(Car le Maître est allé puiser des pleurs au Styx
Avec ce seul objet dont le Néant s'honore.)

Mais proche la croisée au nord vacante, un or

의미하는가? 사실 페레도 어휘적 차원에서는 '직역'을 하였으며, 클로소프스키도 원문의 통사적 구조는 의역을 한 것이다.

또 다른 예는 『아이네이스』의 초반 부분이다. 들릴[33]의 번역(아름다우나 부정한 여인)과 페레(전적으로 철학적인 번역), 벨소르('윤색한' 번역), 그리고 클로소프스키의 번역을 비교해보자.

> *Arma uirumque cano, Troiae qui primus ab oris*
> *Italiam fato progugus Lauinniaque uenit*
> *litora*··· (v. 1-3)[34]
> 무구와 사내를 나는 노래하노라, 트로이의 항구로부터 처음
> 운명에 떠밀려서 이탈리아로, 그리고 라비니움의
> 해안으로 왔던···

들릴 :

> "Je chante les combats, et ce guerrier pieux,
> Qui, banni par le sort des champs de ses aïeux

Agonise selon peut-être le décor
Des licornes ruant du feu contre une nixe,

Elle, défunte nue en le miroir, encor
Que, dans l'oubli fermé par le cadre, se fixe
De scintillations sitôt le septuor.

33) [역주] 자크 들릴(Jacques Delille, 1738-1813). 프랑스의 시인이자 고전학자. 당대에 '프랑스의 베르길리우스'로 불릴 정도로 명성이 높았다.

34) L'*Énéide*, Livre Premier, trad. J. Perret, Les Belles Lettres, Paris, [éd. 1992].

Et des bords phrygiens conduit dans l'Ausonie,
Aborda le premier aux champs de Lanvine…"[35)]
나는 전투들과 그리고 이 경건한 전사를 노래한다.
그는, 운명에 의해 선조들의 땅과
프리지아의 땅에서 쫓겨나 아우소니아에 이르러
라비니움의 전쟁터에 제일 먼저 이르렀으니…

페레 :

"Je chante l'horreur des armes de mars et
l'homme qui, premier, des bords de Troie vint en
Italie, prédestiné, fugitif, et aux rives
du Lanvinium…"[36)]
나는 전쟁터의 무기들의 끔찍함과 한 사람을 노래하니,
그는 트로이의 해안으로부터 제일 먼저
이탈리아로, 예정된 운명처럼, 도망치듯 이르러 그곳의
라비니움 해안에 다다랐으니…

벨소르 :

"Je chante les armes et le héros qui, premier entre
tous, chassé par le destin des bords de Troie, vint en
Italie, aux rivages où s'élevait Lanvinium…"[37)]

---

35) L'*Énéide*, Livres 1-6, trad. J. Delille, in *Œuvres complètes de Jacques Delille*, impr. J. Maubach, Bruxelles, 1817-1819.

36) L'*Énéide*, éd. citée, p.5.

37) Virgile, *Énéide*, (Henri Goelzer가 고증, André Bellessort가 번역), Les

나는 무기들과 영웅을 노래하네, 그는 우리 중 제일 먼저
트로이의 해안에서 운명에 의해 쫓겨나
이탈리아의 라비니움이 세워진 해안에 이르렀으니…

클로소프스키 :

"Les armes je célèbre et l'homme qui le premier des Troyennes rives
en Italie, par la fatalité fugitif, est venu au Lavinien littoral …"[38)]
무기들을 나는 칭송하네. 그리고 한 사람이 있으니 트로이인 중 첫째,
쫓기는 운명으로 이탈리아의 라비니움 해안에…

위의 네 번역 중 어떤 것도 '단어 대 단어' 번역은 아니라고 할 수 있다. 만일 단어 대 단어로 번역한다면 다음과 같을 것이다.

"Les armes et le héros (ou: homme, *uirum*) je chante de Troie qui premier des rives en Italie par le destin chasse au lanvinien vint littoral…"

이렇게 번역하는 것은 불가능하다.

들릴과 페레, 벨소르는 프랑스어 문장의 논리에 따라 각자 자신의 방식으로 라틴어 시구들을 다듬는다. 들릴의 매혹적인 상상

Belles Lettres, Paris, 1961, p.6.

38) L'*Énéide*, trad. P. Klossowski, *op. cit.*, p.3.

력을 새삼 강조할 필요는 없다.

클로소프스키의 번역도 원문으로부터 멀어진 것은 마찬가지다.

원문 : *Arma uirumque cano*…
클로소프스키의 번역 : Les armes je célèbre et l'homme…

그런데도 그의 번역은 직역이라는 인상을 준다. 물론 이것은 전적으로 인상일 뿐이다. 단어 대 단어 번역도 아닌데, 도대체 이 인상은 어디에서 오는 것일까? 여기서 우리는 두 가지 차원을 구분해야 한다. 첫째는 그의 전반적 번역 방식이다. 그의 번역에서는 프랑스어의 라틴어화가 강력하게 작동되고 있음이 명백하다. 이와 관련하여 푸코는 다음과 같이 말한다.

"피에르 클로소프스키는 이제 막 『아이네이스』의 수직적 번역(traduction verticale)을 발표하였다. 이 번역에서 단어 대 단어는 라틴어 단어가 프랑스어에 수직으로 내리꽂힌 여파이며, … 각각의 단어 … 는 마치 그 의미가 자신의 위치로부터 분리될 수 없다는 듯 라틴어 시구에서부터 프랑스어의 문장 배열 위로 떨어진다."[39]

푸코가 클로소프스키의 번역에서 '단어 대 단어'의 '징후가 보인다'고 주장하는 데에는 일리가 있다. 이는 두 가지 의미에서인데, 우선 첫째, 단어 대 단어는 단지 징후일 뿐이라는 것, 그러나 다른 한편으로 이 징후가 고유의 힘을 가지고 있으며, 단어 대 단

39) *Op. cit.*

어가 가지고 있는 진리, 그리고 알랭이 말한 "문자가 다시 세워졌을 때 발휘되는 힘"이 무엇인지를 감지하게끔 한다.[40)]

두 번째 차원은 바로 [라틴어를] 모사함 없이 그리고 (고지식한 '단어 대 단어'가 그러하듯) 우리의 언어에 근거 없는 폭력을 가하지 않는 방식으로 프랑스어의 라틴어화가 이루어졌다는 점이다. 사실 이것은 서사적 말하기 속에서 말놀이를 가능케 하는 라틴어의 가지치기, 어순 도치, 위치 이동 등을 순진하고 고지식하게 옮기지 않으면서, 그리고 원문을 '곧이곧대로' 옮기지 않으면서, 프랑스어 안에 라틴어의 '해체된' 통사의 특성을 옮겨 심는 것이다. 이 차이는 대단하다. [프랑스어로] '번역된' 것은 가지치기, 어순 도치, 위치 이동 등으로 구성된 라틴어의 전체적 체계이지, 이것이 『아이네이스』의 각 행에 실제로 어떻게 분포되어 있는가가 아닌 것이다.

그렇기 때문에

> *Ibant obscuri sola sub nocte*
> 그들은 희미하게 외로운 밤에 가고 있었다.

는 다음과 같은 문장이 된다.

> "Ils allaient obscurs sous la désolée nuit."

---

40) 이렇게 정리해 볼 수 있겠다: 진정한 직역은 실제로는 단어 대 단어 번역이 아니면서도, 마치 온전히 단어 대 단어로 번역한 것처럼 보이는 번역이다.

위의 번역문에서는 프랑스어의 형용사가 라틴어처럼 도치되어 있다. 그러나 [번역된 프랑스어] 시구 내에서 도치가 일어난 위치는 프랑스어가 수용할 수 있는 지점으로 바뀌었다.[41] 이것이 바로 핵심적 사항이다. 프랑스어의 문장 안에서 프랑스어 문장이 지나친 폭력이나 파열 없이(빅토르 위고는 언짢을지언정, 어쩔 수 없이 어느 정도는 파열을 감수하며) 라틴어 문장의 구조를 받아들일 수 있는 틈새나 구멍을 찾으려 하는 것이다. 만일 'désolée' 라는 형용사를 sous 앞에 위치시킨다면, 프랑스어는 이를 수용하지 못한다. 그러나 이를 nuit 앞에 배치시키면 받아들인다. 이것이 바로 '느슨한' 지점, 수용의 지점, 프랑스어의 비(非)규범화/비(非)규격화된 구조(structure non normée)인 것이다. 번역을 하기 위해 번역가는 지치지 않고 자신의 언어의 비규범적/비규격적 측면을 찾아야 한다. 작가가 아닌 (혹은 영어에서 홉킨스[42])처럼 소수의 작가들과) 번역가만이 이를 할 수 있다. 모국어의 비규범화/비규격화된 측면을 찾고 이를 발견하여 모국어 안으로 이국 언어와 그 [고유한] 말하기를 들여오는 것, 그것이 바로 번역이다.[43]

---

41) 이것이 바로 몇몇 번역 이론가들이 오늘날 발전시킨 '용인성(acceptabilité)' 개념의 (시적 차원에서의) 심오한 의미이다. 사회문화적 '용인성'은 번역하는 언어가 그 역사적 존재 속에서, 번역되는 언어로부터 어떤 특정한 순간(카이로스(kairos)의 순간)에 무엇을 받아들일 수 있는가를 토대로 한다.

42) [역주] 홉킨스(Hopkins). 영국의 성직자이자 시인.

43) 모국어의 비규범화/비규격화된 측면이란 모국어 안에 있는 가장 '모성적인(maternel)' 것, 모국어의 모성적 존재이다. 번역가는 따라서 역설적으로 자신의 모국어 안에 있는 가장 '수용적인(accueillant)' 것과 만나게 된다. 번역가는 자신의 모국어가, 그 모성성 속에서, 늘 '먼 것의 거처'라

결과적으로 [라틴어와 프랑스어의] 음조성(音調性, sonorité) 간의 상호적 관계들은 살아나게 되고, 다시 말해 번역가가 찾아낸 느슨한 지점들에 [프랑스어] 단어들이 배치되면서 [라틴어가] 새로이 회복된다. 모사를 했을 때는 유희가 불가능해졌고, 말로 그냥 풀어놓으면 음조성이 파괴되었는데, 라틴어의 전반적 체계를 재생산해내니, 원문의 사실적 요소에 엄격히 종속되지는 않으나 원문의 이런 사실성을 지배하는 법칙에 천착하면서, 모든 것을 '재구성'할 수 있게 된다. 의역과 직역이 하나가 된다. 번역가는 프랑스어가 자연스럽게 라틴어적이고 서사적으로 (다시금) 생성되는 지점들을 찾는다. 호메로스든 베르길리우스든 서사적 말하기에서 형용사는 핵심적인 지위를 가지는 만큼 앞선 형용사의 예는 더욱 놀랍다. '모방된' 세계가 그 감각적 자질의 충만함 속에서 드러나게 되는 것은 (디드로가 잘 알고 있었듯) 형용사를 통해서이다. 그러나 형용사가 이러한 기능을 가지려면, 형용사가 문장 내에서 자율성을 가져야 한다. 서사시에서는 단지 형용사가 '많음'으로 충분한 것이 아니라, 더 나아가 형용사들이 명사들의 노예가 되어서는 안 된다. 다른 예를 들어보자.

Dixerat et niueis hinc atque hinc diua lacertis
cunctantem amplexu molli fouet. Ille repente
Accepit solitam flammam notusque medullas
Intrauit calor et labefacta per ossa cucurrit. (v. 387-390)[44]

고 상정한다.

44) L'*Énéide*, Livre Huitième, trad. J. Perret, Les Belles Lettres, Paris, [éd.

그녀는 말을 마쳤고, 이쪽도 저쪽도 눈처럼 흰 두 팔로 여신은 주저하고 있는 그를 부드러운 포옹으로 껴안는다. 그는 불쑥 익히 아는 불꽃을 받아들였다. 익숙한 열기가 골수 속으로 들어왔고, 풀려버린 뼈들 속으로 달렸다.

"Elle avait dit et, *neigeux* d'eclat, par-ci, la *divine*, par-la, de ses bras
l'*hésitant* d'une etreinte *souple* échauffe. Lui, sur-le-champ,
reçoit, non *insolite*, la flamme, et *notoire*, ses moelles
pénétra la chaleur et l'ébranla dedans ses os *diffuse*."[45]
그녀는 이렇게 말하고, 여신은 눈처럼 희게 빛나는 팔을 이쪽,

1989], p.133.

45) Trad. P. Klossowski, *op. cit*., p.234. 여기서 이 문장의 전략적 포인트를 점하고 있는 형용사들을 강조해놓았다. 클로소프스키의 번역은 특히 인용된 부분의 경우, 가능함의 경계선에 위치해 있다. 클로소프스키가 라틴어 형용사들의 놀이를 무슨 수를 써서라도 옮기고 싶어 했음은 명백해 보인다. 위 대목에 대해 몽테뉴는 예전에 다음과 같이 말했다. "[이 글에서] 비너스는 그다지 아름답지 않고, 발가벗었으며, 생기 있고 숨을 헐떡인다, 마치 베르길리우스의 집에 있는 것처럼"(*Essais* III, chap. v, "Sur des vers de Virgile", Gallimard, "Folio", Paris, 1965, p.97). 몽테뉴가 인용한 대목은 라틴어 원문으로 소개되어 있으며 페이지 하단에 몽테뉴 자신의 '문헌학적' 번역이 추가되어 있다. "그녀는 말을 마쳤으며, 그가 머뭇거리자 여신은 눈 같은 팔로 그를 둘러 안고 부드러운 포옹으로 그를 달아오르게 했다. 불카누스(Vulcain)는 갑자기 자신의 본래의 열정을 되찾았고 익숙한 열기가 그의 뼛속까지 파고들어 그의 맥없는 몸 전체를 가로질렀다." 자신의 밋밋한 이 번역을 읽으면서 몽테뉴는 여신이 '생기 있고' '숨을 헐떡인다'고 느끼지는 못했을 것이다. 그런데 클로소프스키는 『아이네이스』에서 몽테뉴를 관능적으로 뒤흔들어놓았던 어떤 것을 복원해낸다. 16세기 프랑스어가 끝없이 재번역하고 모방했던 디동(Didon)과 아이네이스의 사랑(제4권)도 마찬가지다.

저쪽

망설이는 자를 부드럽게 껴안아 포근하게 했다. 그러자 그는 즉시,

낯설지 않은 뜨거움을 받아, 그의 골수로
스며들어간 열기가 흐물해진 그의 뼈 안을 뒤흔들었다.

또한 클로소프스키가

nemorsosa Zacynthos (v. 270)
숲이 우거진 자퀸토스 섬

를

némoreuse Zacynthe[46)]
숲이 우거진 자퀸토스

로 번역할 때 프랑스어의 라틴어화와 형용사의 부각(accentuation)은 하나로 섞인다. 페로는 이 대목을

Zacynthe et ses grands bois[47)]
자퀸토스와 그 커다란 숲

46) *Op. cit.*, trad. Klossowski, p.75. 이 번역문의 앞부분(p.69)에는 "눈 덮인 파로스(la neigeuse Paros)"가 등장한다.

47) *Op. cit.*, [éd. 1992], p.85. "Ses grands bois"는 19세기의 시적 상투어이다.

으로 번역한다.

Némoreux는 신조어이나, 일단 이해되고 나면(프랑스어-라틴어 사전을 열어보기만 하면 된다) 프랑스어에 아름다운 형용사 하나를 더해 풍요롭게 만든다(vaporeux(안개가 낀 듯한), fuligineux(거무스름한) 등의 형용사들도 라틴어를 모사하여 탄생한 것이다). 베르길리우스가 nemorosa Zacynthos라는 두 단어의 발음상의 아름다운 울림을 모르지 않았음은 말할 필요도 없다. 여기서 nemorosa는 프랑스어의 '수풀의(boisé)'보다 훨씬 두드러지게 다가온다.

클로소프스키가

"déjà dans le *libre*, la *joyeuse*, dans le ciel, il l'a observée, les ailes

applaudissantes, sous l'*obscure* il perce sous la nuée la colombe"

로 번역할 때, 그의 번역문은 형용사들의 자율성을 부각시키며 마치 하늘을 향해 비둘기가 날아가듯 형용사들이 정말 하늘을 날아가게 한다.[48] 그 미메시스는 놀라우며 손에 잡힐 듯하다.

다른 대목에서 이렇듯 원문의 도치를 존중함으로써 서사적 말하기의 두 가지 특징, 즉 신체적 행위에 대한 모방(mime)과 신의 출현(apparition du divin)을 되살려낸다.

신체적 행위의 모방을 보자.

---

48) In P. Leyris, *op. cit.*, p.672.

"Car tandis que ses parents affligés tiennent Iule dans leurs bras,
voici sous leurs yeux, légère, une langue de feu venir
se répandre au sommet de sa tête et l'effleurant inoffensive
la flamme doucement lécher ses cheveux et comme s'en repaître autour de ses tempes." (v. 681-684)[49]
슬픔에 잠긴 그의 양친이 이울루스를 품에 안고 있을 때,
그들의 눈앞에, 가벼이, 불의 혀가 다가와
이울루스의 머리 위로 빛을 쏟고, 무해하게 핥는
화염이 부드럽게 그의 머리카락을 핥으며, 그의 관자놀이 주변을 어른거렸다.[50]

여기서 시구들은 우회적인 방법으로 불꽃이 어린아이의 정수리로 사납게 다가서는 모습을 모방(imiter)하고 있다.

한편 『오디세이아』에서건 『아이네이스』에서건 모두 신의 출현, 즉 신이나 여신이 모습을 드러내는 순간은 핵심적이다. 서사적 언어는 신이 모습을 드러내는, 출현의 성격에 중점을 둔다.

이리하여

49) *Op. cit.*, p.57. 아래의 페레의 번역(*op. cit.*, Livre Second, [éd. 1992], p.64)과 비교해볼 것.
"Dans nos bras, sous les yeux de ses parents desolés, voici que du sommet de la
tete d'Iule une aigrette légère jaillit, répandant une
lueur; comme une flamme aux douces caresses, elle léchait sa souple chevelure et prenait force autour de ses tempes."

50) [역주] 천병희 번역을 참고하되, 프랑스어 구문을 반영하여 수정하였다.

Dixit et auertens rosea ceruice refulsit,
ambrosiaeque comae diuinum uertice odorem
spirauere; pedes uestis defluxit ad imos
et uera incessu patuit dea. (v. 402-405)[51]
이렇게 말하고 돌아서니 그녀의 장밋빛 목덜미가 환히 드러났고,
그녀의 암브로시아 같은 머리에서는 신들의 향기가 났으며,
그녀의 옷은 발밑까지 흘러내렸다.
발걸음을 보니 그녀는 영락없는 여신이었다.[52]

클로소프스키 :

"Elle dit, et comme elle se détourne le rose épiderme de son cou scintille
et de sa chevelure parfumée d'ambroisie la divine odeur
s'exhale; jusqu'à ses pieds sa robe se dépoie;
et véritable, par sa démarche, se révèle la déesse."[53]
그녀가 말하고, 돌아설 때 장밋빛 목덜미가
환하게 빛난다.
그리고 암브로시아 향기가 나는 그녀의 머리에서는 성스러운 향취가
풍겨나온다. 그녀의 발치까지 흘러내긴 드레스
그리고 진정한, 그 자태 속에서, 드러나는 것은 여신이었다.

---

51) 필자 강조. L'*Énéide*, Livre Premier, trad. J. Perret, *op. cit.*, [éd. 1992], p.20.

52) [역주] 천병희 번역을 따랐다.

53) *Op. cit.*, p.17.

페레 :

"Elle dit et, comme elle se détournait, une lumière, autour de sa nuque de roses, resplendit; de sa tête, les cheveux parfumés d'ambroisie exhalèrent une odeur divine; jusqu'à ses pieds les plis de la robe descendirent et *vraie déesse, à sa démarche elle apparut.*"54)

그녀가 말하고, 돌아서는 순간, 한 줄기 빛이
그녀의 장밋빛 목 주변에서 퍼진다.
머리에서는, 암브로시아 향기가 나는 머리카락이 성스러운
향기를 내뿜었다. 드레스의 주름이 발밑까지 흘러내려왔고, 그 자태 속에서
진정한 여신이 드러났다.

위의 번역문에서도 클로소프스키는 페레에게서는 찾아볼 수 없는 형용사/명사 간의 분리를 존중했음을 눈여겨보자.

'부활'

라틴어의 전반적 체계 및 서사적 말하기의 '법칙들'을 프랑스어에 도입함으로써 일련의 결과들이 생겨난다. 거의 모든 비평가들이 언급하는 첫 번째 결과는 바로 『아이네이스』가 마치 여신처럼 (다시) 나타난다는 것이다. 푸코는 다음과 같이 쓰고 있다.

54) *Op. cit.*, [éd. 1992], p.20.

"우리 언어의 기슭을 갉아먹은 이 거대한 만(灣, baie) 속에서 『아이네이스』 자체가 빛을 발한다. … 이런 종류의 번역은 작품의 음화(陰畫, négatif)로서 가치를 지닌다. 즉, 이 번역은 이 번역을 수용하는 언어 속을 파고 지나간 흔적이다. 이 번역이 전달하는 것은 작품에 대한 전사(轉寫, transcription)를 만드는 것도 등가를 만드는 것도 아니다. 작품이 실재적으로 현존했음을 의심의 여지없이 보여주는, 빈자리의 흔적을 전달하는 것이다."[55]

마르셀 브리옹(Marcel Brion)은 이를 '부활'이라 칭했으며, 에메 파트리는 "파리가 누명을 벗었다(blanchissement de Paris)"고 한다. 다른 말로 하면, 고대 텍스트로의 접근로를 다시 열겠다는 재번역의 지향이 달성된 것이다. 독자는 텍스트 전체를 읽지 않을 수도 있다(그것은 대단한 노력을 요하는 일이다). 그러나 독자는 특정 대목을 읽으면서 놀라고 감동받는다. 다시 말해 서사시가 진정 다시 목소리를 내게 되는 것이다. 이는 괴테가 완전한 번역으로부터 기대하던 회생(Verjüngung)[56]의 진정한 예이다.

모국 귀환[57]

그러나 더욱 놀라운 것은, 우리의 언어 쪽에서 일어나는 일, 즉

---

55) *Op. cit.*, p.22.

56) [역주] 『낯선 것으로부터 오는 시련』 제4장 "괴테: 번역과 세계 문학" (p.130 이하) 참조.

57) [역주] 앞에서 베르만이 클로소프스키의 번역을 두고 "현대의 번역은 모국을 찾아가는 기억(memoire rapatriante)"이라고 언급한 것을 떠올려보자.

이 번역이 우리의 언어에게 가하는 시련이다. 레리스는 감격과 경탄을 담아 다음과 같이 확인한다.

"서사시의 번역을 위해 우리는 모든 시대에 가능했을 법한, 그러나 어느 시대의 것도 아닌 프랑스어 안에 놓이게 된다. 그러나 이러한 분리나 추방은, 우리를 태어나게 하고 젖을 뗀 이후에도 우리 곁에 남아 우리를 먹여 키운 언어의 영역으로 되돌아가는 것이기도 하다. 바로 거기서부터 일종의 경쾌한 안도의 느낌이, 되살아나는 기억의 느낌이, 막 충족되어가는 향수(鄕愁)의 느낌이 생겨난다. 한때 존재했던 것 안에서 안주하며 잠드는 대신 우리는 뭔가를 되찾고, 우리 스스로를 되찾고, 땅에 발을 딛고 다시 태어난다. 카롤링거 왕조[58] 이래로 르네상스는 지속적 현상이다."[59]

우리 시대 최고 번역가 중 한 사람에 대한 이 예찬에 대해 추가 설명이 필요하지는 않다. 그러나 이 라틴어로의 '회귀' 운동 속에서 프랑스어는 자신의 역사를 이루는 단계들을 하나하나 되짚어가는 것처럼 보인다. 푸코 역시 이 점을 명확하게 설명한 바 있다.

"우리의 말들이 베르길리우스적 '장소들'로 갑작스럽게 회귀하게 되면서 프랑스어는 이 회귀의 운동 속에서 자신의 모든 모습들을 되짚어 밟게 된다. 클로소프스키의 번역을 읽으며, 우리는 몽테뉴, 롱사르, 『장미 이야기』,[60] 『롤랑의 노래』에서 보았던 문장들의 배

58) [역주] 메로빙거 왕조를 이어 프랑크 왕국의 후반을 지배한 왕조.

59) *Op. cit.*, p.667.

60) 프랑스의 알레고리 문학에서 가장 영향력이 컸던 작품으로 전편(1230?)

치와 단어들의 위치를 경험하게 된다. 여기서는 르네상스식 배열이, 저기서는 중세시대의 배열이, 그리고 또 다른 곳에서는 후기 라틴 세계의 배열이 눈에 띈다. 모든 배치 방식이 중첩되면서 공간 속에서 말들의 유희만으로도 언어의 장구한 운명이 드러난다."[61)]

이러한 우리 언어의 역사적 '장소들'과의 조우가 감지되는 것은 번역 속의 라틴어화 현상들이 16세기 시인들과 고전주의 작품들을 환기시킬 때이다.

16세기 시인들이 연상되는 대목은 다음과 같다.

"Derechef d'un autre arbuste d'arracher la flexible tige
j'essaye, et tente de sonder les causes secrètes;
noirâtre aussi le sang dont l'écorce de l'autre arbuste saigne."[62)]

은 기욤 드 로리스, 후편(1277경)은 장 드 묑에 의해 각각 씌어졌다.

61) *Op. cit.*, p.22.

62) P. Leyris, *op. cit.*, p.671에서 인용. 반면 한 스페인 비평가는 이러한 라틴어화에 그다지 놀라지 않으면서 다음과 같이 쓴다. "아무리 과격한 도치라 하더라도, 적어도 스페인어 사용자들에게 거슬리지 않으면서 프랑스어로 된 원시의 음조(sonority)를 전달하는 클로소프스키의 직무는 어려운 일이다. 스페인 시 개혁의 아버지 공고라로 인해 우리가 이런 것에 익숙해져 있지만 말이다(*Difícil empresa la del señor Klossowski la de darnos la sonoridad del poema original en lengua francesa, no debiendo chocar, por lomenos a los hombres de habla española, las transposiciones aunque sean violentas, pues a esto nos tenía habituados Góngora, padre de la renovación poética española*)." (Antonio Porral, "Un fundador de patria", 클로소프스키 관련 보도자료, Gallimard, 1964)

클로소프스키 스스로도 한 인터뷰에서 이런 도치와 관련하여 모리스 세브[63]와 코르네유를 언급한다.

"Et jusqu'où d'un bel oeil peut s'étendre l'empire…"[64]

그러나 놀라운 유사점이 드러나는 것은 라신이다.

"Et qu'Ascagne et mon pere et mon epouse Créuse
Je visse dans le sang l'un et l'autre immolés."

혹은 다음의 대목도 그렇다.

"A qui donc, mourante, m'abandonnes-tu, mon hôte
(puisque, hormis ce nom, rien de l'époux ne reste)?"

그렇다고 해서 클로소프스키가 베르길리우스를 번역하면서 라신, 코르네유, 세브 등을 표절했다는 의미는 아니며, 이는 클로소프스키가 말라르메, 클로델, 생-존 페르스나 주브 등을 표절하지 않은 것과 마찬가지다. 그것이 아니다. 자신의 현대시적 지평에 기대어 클로소프스키는 이러한 문학 언어들이 라틴어와 맺고 있었던 관계를 되찾은 것이다. 이것이 전부가 아니다. 레리스가 암

---

63) [역주] 모리스 세브(Maurice Scève, 1501-1564). 프랑스의 시인. '리옹 시파'의 지도자로 활약했고, 플레이아드 시파의 선구적 역할을 했다.

64) In "Un entretien avec Pierre Klossowski, nouveau traducteur de Virgile", J. Edern Hallier, *Le Monde*, 8, août 1964.

시하는 바와 같이,

> "Helas, que fera-t-il? Dès lors, la reine, circonvenir, la delirante, l'osera-t-il, par quelle sorte de discours? par quel exorde débuter?"[65]

같은 시구는 우리의 시에서 비견할 대상을 찾기 어려우며, 우리 시의 가능태, 다가올 것(à-venir)을 예고하는 것이다. 여기서 번역은 언어의 이중적 시간성 속에서 전개된다. 언어로 하여금 그 뿌리까지 거슬러 올라가는 역사의 기억을 되돌려주면서 동시에 언어를 예상 밖의 가능태들의 미래로 열어내는 것이다.

마지막으로 세 개의 질문을 던져보자. 하나의 번역 안에서 늘 제3의 언어가 작동한다는 원칙을 전제할 경우, 이 번역에서 제3의 언어는 무엇인가? 우리가 이러한 번역에 대해 가했던 혹은 가할 수 있는 비판에는 어떤 것이 있는가? 과연 이 번역은 구체적으로 어떤 의미에서 우리로 하여금 직역의 진실에 다가가게 하는가?

제3의 언어: 두 번째 이야기

여기에서 작동하고 있는, (왕후의 언어는 아닐지라도 후견의 역할을 하는) 제3의 언어는 의심의 여지없이 독일어이다. 여기에는 수많은 본질적 이유들이 있는데 클로소프스키가 특히 독일어

65) In P. Leyris, *op. cit.*, p.672. Trad. P. Klossowski, pp.102-103.

번역가였다는 점은 차치하고라도, 그의 어머니인 발라딘 클로소프스카(Baladine Klossowska)가 프랑스어만큼이나 독일어에도 유창했다는 사실은 그녀가 릴케와 주고받은 서신을 통해서도 확인할 수 있다. 고대 텍스트의 직역에 있어서 독일어는 절대적인 기준이다. 왜냐하면 독일어는 서양 언어 중 유일하게 그 자신의 시와 철학을 통하여, 그리고 번역가들을 통하여 라틴어 및 그리스어와 (어떤 혈통관계도 없으면서도) 내밀한 관계를 맺고 있는 언어이기 때문이다. 횔덜린 이전에도 보스가 호메로스와 베르길리우스를 번역하였고, 이들은 이미 1781년에 클로소프스키가 1964년에 받았던 것과 동일한 찬탄과 비난을 받았다. 물론 독일어가 특히 내밀한 관계를 맺고 있는 것은 그리스어인데, 클로소프스키가 라틴어 작품을 선택한 것은 우연이 아니다. 한편으로는 역사적 움직임이 클로소프스키로 하여금 우리 문학의 운명 및 우리가 번역과 맺고 있는 문화적 관계에 핵심적 역할을 한 텍스트를 선택하도록 추동하였으며, 다른 한편으로는 그 자신이 니체의 번역가였고, 우리가 알다시피 니체는 그리스인들보다는 라틴인들을 선호했기 때문이다. 그러나 클로소프스키 스스로도 어미변화가 있는 라틴어는 프랑스어보다 독일어에 더 가깝다고 선언한 바 있다. 결국 고대 텍스트 번역어로서의 독일어는 그리스어나 라틴어 텍스트가 프랑스어로 진리에 가깝게, 그리고 근본적으로 번역되게끔 '후원하는' 제3의 언어인 것이다. 그렇다고 해서 몇몇 적대적 비평가들이 지적한 것처럼 클로소프스키가 프랑스어에 '독일어 어법(germanisme)'을 부과한 것은 아니다.[66] 오히려 그보다 클로소프스키는 "말라르메가 영어를 토대로 제기한 물음을 나는 라틴어를 사용하여 스스로에게 제기하고 싶었다…"[67]고 밝힌다. 이리하여 우리는 프랑스어의 생성(devenir) 안에 가장 깊숙이 뿌리 내린 번역, 그러면서도 또 다른 언어인 독일어 없이는 존재할 수 없는 번역을 얻게 되는 것이다. 번역의 패러독스가 아닐 수 없다.

가독성과 지나침

클로소프스키에게 가해진 비판들은 몇 종류로 나눌 수 있다. 더욱이 이 비판들에는 허점이 있고 상대적으로 숫자도 많지 않다. 첫 번째 비판은, 그의 번역이 말라르메, 클로델 혹은 생-존 페르스의 모방으로 점철된 라틴어법의 잡동사니라는 것이다. 그 다음으로는 다수의 실증주의 문헌학자들에게서 발견되는 것으로, 형식미에 편중된 삼류적이고 착오적인 '문헌학적' 비판들이 있다(대부분의 라틴 문헌학자들은 그의 번역에 우호적이었음을 짚고 넘어가자). 그리고 마지막 종류의 비판으로서 비가독성(illisibilité)에 초점을 맞춘 비판이 있다. 첫 번째와 두 번째 비판의 경우는 어깨 한번 으쓱하고 넘어갈 만한 것이나, 마지막 지적은 성찰해 볼 필요가 있다. 만일 이 비판이 번역 전반에 걸쳐 나타나는 어순 도치, 가지치기, 위치 이동 등을 대상으로 하는 것이라면 이 비난

66) 로베(M. Lobet)는 "독일어식의 도치가 난무하는, 고문당한 프랑스어"라고 말한다. *op. cit.*

67) In *Le Monde*, 8, août 1964, *op. cit.*, 우리는 다시 한 번 샤토브리앙과 알랭의 세계로 들어왔다.

은 쉽게 반박할 수 있다.

드기는 이와 관련하여 다음과 같이 말한다.

> "원문에서 명사와 형용사가 분리(따라서 형용사가 더 이상 '명사'의 형용사가 아닌)되어 있는 것을 번역자가 프랑스어 번역문에서 그대로 유지하고자 하는 데서 오는 어려움은 '고전' 번역문을 이해 가능한 것으로 유지시키는 데 필요한 자극이 부족해서 느끼는 어려움에 비해 덜 심각하다. 게다가 설상가상으로, 소위 '대담한' 표현들을 이해 가능하게 옮기려다 보면 생생한 입말의 방식, 다시 말해 (수많은 예들 중 하나를 들자면) '그 까만 것, 그것 좀 줘, 연필'이라고 말하는 식의 구어적 표현에 이르게 된다."[68]

그러나 이 번역에 가독성 차원의 문제가 있는 것은 사실이다. 두 가지 관점에서 그러하다. 우선 라틴어화는 (레리스가 신중하게 제기해본 관점에서 볼 때) 다소 지나치게 이루어진 것이 아닌가? 텍스트 전체는 가독적인가? 첫 번째 질문에 답해보자면 때때로 (종종) 지나침이 있다. 이 지나침이 어디서 발현되는가는 중요하지 않다. (횔덜린이나 샤토브리앙에게서도 발견되는) 이러한 지나침이 모든 진정한 문자번역에 내재하는 것이 아닌지 자문해볼 수 있을 것이다. 여기서 말하고자 하는 바는, 문자에 대한 그리고 문자 속에서의 [번역] 작업의 운동 자체는, 어떤 차원에서는, 앞서 언급한 '번역의 결함'만큼이나 통제 불가능한 것이다. 심지어는 이러한 지나침이 일어나지 않으면, 넘침 없는, 균형 잡힌, '성공'의 지점들 역시 달성될 수 없다. 모국어의 비규범화/비규격화된

68) In "L'*Énéide*", NRF, no. 144, Gallimard, Paris, décembre 1964, p.1085.

공간의 모색은 모국어와 암흑(obscurité)의 관계를 상정하며, 이러한 관계 속에서 번역가는 '눈이 멀게' 된다. 이것은 온전한 명확함(clarté)의 관계가 아니다. 이러한 조건 하에서 지나침(그리고 이에 동반되는 실패)은 불가피하다. 이것이야말로 우리가 의도한 급진적 의미에서의 '번역의 결함'이며 따라서 마치 이것이 피할 수 있는 것[69]이었던 것처럼 '비판'할 만한 것은 아니다. 번역의 결함은 늘 존재한다. 그리고 이것은 물론 가독성에 심각한 영향을 끼치며 따라서 텍스트의 수용 가능성 차원에도 영향을 준다. 지나침은 직역의 과정에서 '번역의 결함'이 드러나는 양식이라고 말해두자. 이는 앞서 페레처럼 의미를 복원해내는 데 매달리는 번역들에서 드러나는 '번역의 결함'과 같은 것이 아니다.

[클로소프스키의] 그 텍스트 전체는 (쉽게) 읽히는가? 물론 그렇지 않다. 한편으로는 앞서 말한 지나침 때문이고 다른 한편으로는 번역이 제거해낼 수 없는 어떤 것 때문이다. 그것은 바로 우리 자신이 서사시와 맺고 있는 관계이다. 이 관계로 인하여 우리는 『아이네이스』 전체를 읽을 필요가 없으며, 어쩌면 읽을 수 없을지도 모른다. 단지 서사적 말하기 속으로 수직적이고 급진적인 방식으로 침잠하는 것으로 충분하다. 번역은 우리로 하여금 서사시를 다시 만나게 해주지만, 그렇다고 우리가 서사시를 '수평적으로' 읽게 해줄 수는 없다. 서사시가 읽히는 게 아니라 말해지고 암송되고 들려졌던 구어성(oralité)의 공간에 우리가 더 이상 살고 있지 않기 때문에 더더욱 그렇다. 혹은 서사시적 구어성이라는

---

69) [역주] 원문에는 inévitable(피할 수 없는)이지만 문맥상 évitable(피할 수도 있는)의 의미로 읽어야 할 것 같다.

문제의 입구에서 멈추는 것이 이 번역의 궁극적 한계일 수도 있다. 만일 그렇다면, 이 문제를 온몸을 껴안게 될 새로운 『아이네이스』 재번역이 기다리고 있는지도 모른다. 이 재번역의 시간은 아직 오지 않은 것 같다.

직역성의 논리

클로소프스키의 작업은 우리로 하여금 직역성과 모사를 엄격히 구분하게 해준다. 직역성은 언어와 텍스트의 체계 차원에서, 두 체계가 하나가 되는 지점에서 이루어진다. 『아이네이스』의 경우는 서사적 말하기에 내재하는 미메시스로 인하여 라틴어 특유의 어순 도치, 가지치기, 위치 이동 등을 활용하였으며, 『오디세이아』는 복합 형용사화(adjectivation composée)라는 그리스어가 가진 가능성을 사용한다. 여기서의 직역은 원문의 사실성(facticité)을 재현하는 것이 아니라, 이 사실성의 구성을 지배하는 논리를 재현하는 것이다. 직역은 번역 언어의 비규범적 지점에서 번역 언어가 허락하는 바에 따라 이 논리를 재현해내며, 결과적으로 직역에 의해 이 논리가 드러난다고 할 수 있다. 직역은 이리하여 서로 다른 언어들이 '접촉하면서' 종종 발생하는 부정적 감염 없이도, 프랑스어가 잠재적으로 라틴어화, 독일어화, 영어화될 능력이 있음을 발견하게 한다. 결국 지나침을 넘어서는 지점에 이르게 되면, 직역은 모국어가 낯선 언어로부터의 충격으로 인해 소외되지 않고, 모국어 안에 존재했던 의외의 층위들, 대체로 모국어로 된 고유의 문학을 통해서만 도달할 수 있는 어떤 지점에 이르게 된다. 이것은 훔볼트나 위고가 말한 언어의 '확장'과는 별개의, 그 이상의 어떤 것이다.

언어의 모성적 핵

이제 우리는 번역이 모국어가 맺고 있는 관계라는 어려운 물음에 이르게 된다. 모국어의 비규범적/비규격적 공간 속에서 움직이면서 번역가는 앞서 말한 것처럼 모국어가 가지고 있는 가장 모성적인 것 안에서 [번역] '작업'을 한다. 우리가 이를 통하여 예감(단지 예감)할 수 있는 것은, 모국어에 대한 전통적 담론(이 담론은 실제 역사적 토대 속에서 모국어와 국가어(langue nationale)를 혼동한다)에서 주장하는 것과는 반대로, 모국어는 닫힌 현실이 아니며 오히려 열려 있는, 본원적으로 [낯선 것을] 환대하는 공간이라는 것이다. 모국어의 모성적 핵에서 볼 때, 모든 언어는 근접하며 친족관계이다. 이러한 핵에 가장 근접하여 작업하면서 (문자적 작업을 하는) 번역가는 언어들 간의 비문헌학적, 비언어학적 친족성을 발견한다. 19세기의 또 하나의 위대한 번역이 우리에게 모범적으로 가르쳐주는 것이 바로 그것이다. 이 위대한 번역은 바로 제임스 조이스가 자신의 『피네간의 경야』의 일부를 절반은 이탈리아의 지방 사투리로, 절반은 단테적 언어로 쓴 것을 말한다. 열정적으로, 거의 광적으로 언어의 모국어적 핵을 탐색하면서, 조이스는 자신의 위대한 작품에 쓰인 코이네의 다음성(多音性, polyponie)을 이어받아 완성시키는 유일한 급진적 방법은 이를 지방 방언의 다음성으로 전환하여 다양한 지방 사투리들로 이루어진 모국어 공간 속에서 얽히고설키어 있는 코이네의 합주를 따라가는 것임을 본능적으로 알고 있었다. 이 여정의 종착역에서 탐험해보아야 하는 차원이 바로 그것이다.

역자후기

2년 전, 앙트완 베르만의 『낯선 것으로부터 오는 시련』(철학과 현실사, 2009, 이하 『시련』)의 번역을 마무리한 이래 우리의 머릿속을 떠나지 않았던 하나의 물음이 있다. 과연 베르만은 자신이 주장한 '문자번역(traduction-de-la-lettre)'을 실제 번역을 수행하는 과정에서 구체적으로 어떻게 실천했을까라는 물음이 그것이다. 『시련』을 읽어본 독자라면 아마 누구나 이러한 궁금증에 사로잡혔을 것이다.

물론 이 물음에 대한 답을 찾기 위해 베르만이 번역했던 작품들을 원문과 일일이 비교, 대조해보면서, 그가 얼마나 자신의 주장에 충실했는지, 그리고 그의 문자번역이 번역 실무 차원에서 어떻게 구현되었는지를 분석해볼 수도 있을 것이다. 한마디로, 그의 번역 이론과 번역 실천이, 그의 반성과 체험이 어떤 관계를 맺고 있는지를 들여다볼 수도 있을 것이다. 하지만 이는 당장 우리가 할 수 있는 일도, 또 해야만 하는 일도 아닐지 모른다. 더욱이, 누군가의 주장을 살필 때 그의 실제 삶이 얼마나 그의 주장에 부합하는지에 따라서만 그 주장의 가치나 의미를 논할 수는 없지 않은가. 오히려 우리는 그것들 사이에 존재하는 긴 해석학적 순환에 관심을 가져야 할 것이다. 실천에서 오는 어려움이나 모순이, 애초에 그 실천을 가능케 했던 논제나 성찰 자체를 무의미하게 만드는 것은 아니기 때문이다.

『시련』을 통하여 베르만의 문자번역에 대해 궁금증을 가지게 된 독자들에게, 베르만은 이 책을 통하여 때로는 우회적인 방식으로, 때로는 직접적인 방식으로 답하고 있다. 베르만은 횔덜린, 샤토브리앙, 클로소프스키 등 문자번역을 수행한 위대한 번역가들에게 번역이 얼마나 치열한 투쟁의 공간이었으며, 번역이 어떻게 그들의 고민과 고통을 고스란히 담아냈는지를 차분히 들려주고 있다.

사실, 이 책의 역자 후기를 쓰게 될 즈음에는 할 이야기가 정말 많을 것 같았다. 홀가분할 것도 같았고, 훌쩍 성장해 있을 것도 같았다. 그런데 이러한 우리의 예상은 어느 것 하나 들어맞은 것이 없는 듯하다. 이 책을 번역하는 과정이 정말 시작부터 끝까지, 제목부터 각주에 이르기까지, 어느 것 하나 '시련'이 아닌 것이 없었다고 말하면 과장일까? 이미 베르만의 『시련』을 공동 번역하면서 번역의 고달픔과 공역의 고단함을 체험하였기에, 두 번째 공역 작업이 조금 덜 힘들 것이라는 우리의 예상은 여지없이 무너졌다. 우리의 번역 작업은 조금도 수월해지지 않았고, 전혀 빨라지지도 않았다. 그래서인지 이 책이 우리 손을 떠나려는 지금, 애초에 기대했던 홀가분함이나 성장의 느낌보다는 긴 여정을 제대로 마무리 짓지 못한 듯한 아쉬움이 더 크다.

우리가 이 책을 번역하면서 시종일관 느낀 고단함은 번역 작업 내내 우리의 내부에서 일었던 두 개의 상충된 욕망 때문이기도 하다. 그 중 하나는 알면 알수록 그 물음의 참신함과 답변의 진지함에 놀라게 되는 베르만이라는 저자를 국내 독자들에게 좀 더 가까이 데려오고픈 욕망이었으며, 다른 하나는 베르만의 섬세한 글쓰기를 어느 것 하나 다치게 하지 않고 그대로 보여주고픈 욕망이었다. 이 슐라이어마허적 딜레마에 빠져 있던 우리에게 번역은 결국 매 순간 시험이자 시련이고 선택이었다.

『시련』을 번역한 후 잠시나마 분명한 듯 보였던 번역의 지평이 지금은 다시금 아득해졌다. 첫 번째 번역은 멋모르고 했다는 궁색한 변명으로 난처함을 모면했지만, 두 번째 번역의 부족함에 대해서는 무엇으로 이해를 구해야 할까. 출발점을 떠나 꽤 멀리 온 것처럼 보이지만 아직 종착점은 한참 멀었다. 그래서 새로이 아득하다.

번역은 번역자로 하여금 자신의 부족함과 결여를 늘 환기시키는 독특한 체험임을 새삼 절감한다. 그럼에도 왜 우리는 다시금 번역을 시작하는가? 왜 우리는 프랑스 번역(철학)자들의 주저를 번역하겠다는 애초의 계획을 포기할 수 없는가? 아마도, 번역이라는 결여의 체험의 과정에서도 우리 안의 뭔가가 채워지기 때문일 것이다. 이러한 결여와 충족의 변증법이 바로 번역의 변증법이 아닐까?

끝으로, 이 책이 나오기까지 많은 분들의 도움과 배려, 기다림과 질책이 있었다. 라틴어와 그리스어를 원문의 논의 맥락에 맞게 꼼꼼히 번역하고 읽어주신 손윤락 선생님, 또 이 책의 번역에 큰 관심을 가지고 지켜봐주신 학계의 여러 선생님들, 이 책의 판권에서부터 출판에 이르는 전 과정에서 때마다 전화 주셔서 번역의 진행과 진척을 독려해주신 철학과현실사 전춘호 사장님, 그리고 투박한 원고를 잘 다듬어주신 편집진에게 심심한 감사의 마음을 전한다.

윤성우, 이향

찾아보기

지은이 : 앙트완 베르만(Antoine Berman, 1942-1991)
프랑스의 번역철학자이자 번역가이다. 독일 및 스페인 문학 번역가로 이름을 알리기 시작하였으나 이후에는 이론적 성찰의 장에서 메쇼닉(Meschonnic), 라드미랄(Ladmiral) 등과 더불어 프랑스 번역학 및 번역 철학계를 대표하는 저자가 되었다.
주요 저서로는 국내에 번역, 소개된 『낯선 것으로부터 오는 시련(*L'épreuve de l'étranger*)』 외에 강연집인 *La traduction et la lettre ou l'auberge du lointain*(Seuil, 1999)와 유고작인 *Pour une critique des traductions: John Donne*(Oeuvre posthume, Gallimard, 1995) 등이 있다.

옮긴이 : 윤성우
프랑스 파리 12대학교에서 철학 박사 학위를 받은 후 현재 한국외국어대학교 철학과 교수로 재직 중이다. 주요 저서로는 『폴 리쾨르의 철학』(철학과현실사, 2004), 『들뢰즈: 재현의 문제와 다른 철학자들』(철학과현실사, 2004), 『해석의 갈등』(살림, 2005), 『생각하고 토론하는 서양 철학 이야기 4: 현대』(책세상, 2006) 등이 있다. 역서로는 『번역론: 번역에 관한 철학적 성찰』(이향 공역, 철학과현실사, 2006), 『낯선 것으로부터 오는 시련』(이향 공역, 철학과현실사, 2009) 등이 있다.

옮긴이 : 이향
한국외국어대학교 통번역대학원 통번역학 박사 학위를 받은 뒤, 한국외국어대학교 통번역대학원 한불과 및 동 대학 프랑스어과에서 번역, 순차통역, 동시통역 등을 가르쳤다. 고려대학교 BK21 번역비평가 양성사업팀 연구교수(2009-2010)를 거쳐 현재는 국제회의 통역사로 실무 활동과 연구 활동을 병행 중이다. 저서로는 『번역이란 무엇인가』(살림, 2008)가 있으며, 역서로는 『번역론: 번역에 관한 철학적 성찰』(윤성우 공역, 철학과현실사, 2006), 『낯선 것으로부터 오는 시련』(윤성우 공역, 철학과현실사, 2009) 등이 있다.

번역과 문자 : 먼 것의 거처

1판 1쇄 인쇄　2011년 9월 25일
1판 1쇄 발행　2011년 9월 30일

지은이　앙트완 베르만
옮긴이　윤성우 · 이향
발행인　전 춘 호
발행처　철학과현실사

등록번호　제1-583호
등록일자　1987년 12월 15일

서울특별시 종로구 동숭동 1-45
전화번호 579-5908
팩시밀리 572-2830

ISBN 978-89-7775-747-9 93800
값 12,000원